KÖNIGS ERLÄUTERUNGEN

Band 359

Textanalyse und Interpretation zu

Arno Geiger

UNTER DER DRACHENWAND

Thomas Möbius

Alle erforderlichen Infos für Abitur, Matura, Klausur und Referat plus Musteraufgaben mit Lösungsansätzen

Bange Verlag

Zitierte Ausgabe:
Geiger, Arno: *Unter der Drachenwand*. München: dtv, 2019.

Über den Autor dieser Erläuterung:
Prof. Dr. phil. habil. Thomas Möbius, Studium der Germanistik/ev.Theologie/Philosophie, Studienrat an einem Gymnasium in Mannheim und an der *German European School* in Singapur, Akademischer Oberrat an der Pädagogischen Hochschule Heidelberg, nach Professuren in Freiburg, Osnabrück, Greifswald und Aachen, Professor für Germanistische Literaturwissenschaft und Literaturdidaktik an der Justus-Liebig-Universität Gießen.

Für Philipp

2. Auflage 2021
ISBN: 978-3-8044-2055-7
PDF: 978-3-8044-6055-3; EPUB: 978-3-8044-7055-2

Titelabbildung: Die Drachenwand © picture alliance / Westend61
Druck und Weiterverarbeitung: Tiskárna Akcent, Vimperk

1. DAS WICHTIGSTE AUF EINEN BLICK – SCHNELLÜBERSICHT

Damit sich jeder Leser in unserem Band rasch zurechtfindet und das für ihn Interessante gleich entdeckt, hier eine Übersicht:

Im zweiten Kapitel werden das **Leben von Arno Geiger** und der **zeitgeschichtliche Hintergrund** beschrieben:

⇨ S. 11 f.

→ Arno Geiger wurde **1968** in **Bregenz**/Österreich geboren. Er studierte Deutsche Philologie, Alte Geschichte und Vergleichende Literaturwissenschaft in Innsbruck und Wien. Seinen ersten Roman publizierte er im Jahre 1997.

⇨ S. 13 ff.

→ Das Jahr 1944, in dem die Handlung des Romans spielt, war **das sechste Jahr des Zweiten Weltkrieges**, den das Deutsche Reich am 01. 09. 1939 mit dem Überfall auf Polen begonnen hatte. 1944 wurde die deutsche Wehrmacht bis in die ehemaligen Grenzen des Deutschen Reichs zurückgedrängt und es war nach der Landung der Alliierten im Sommer 1944 in Südfrankreich, Sizilien und der Normandie sowie nach der Zerschlagung der „Heeresgruppe Mitte" durch die Rote Armee klar, dass die Niederlage des Deutschen Reiches unabwendbar geworden war.

⇨ S. 24 ff.

→ Der Roman *Unter der Drachenwand* wurde **2018** veröffentlicht. Er zählt zum Genre der **Antikriegsliteratur**, hat aber auch Elemente eines Liebesromans; er beleuchtet kritisch die **Auswirkungen des Krieges auf das Leben der Menschen**. Geiger wollte einen Roman schreiben, der die Wichtigkeit sozialer Beziehungen als Gegensatz zur Anonymisierung durch den Krieg hervorhebt.

Im dritten Kapitel bieten wir eine Textanalyse und -interpretation.

Unter der Drachenwand – Entstehung und Quellen:

Der Autor erwarb im Jahre 2008 auf einem Flohmarkt **ein Bündel Briefe** aus der Zeit des Zweiten Weltkrieges, in dem sich Kinder-, Eltern- und Behördenbriefe befanden, die im Kontext der Verschickung von Wiener Schulmädchen in das Lager **Schwarzindien bei Mondsee** entstanden. Diese Briefe öffneten den Imaginationsraum des Romans, den Geiger dann zehn Jahre später innerhalb weniger Monate zu Papier brachte.

⇨ S. 24 ff.

Inhalt:

Veit Kolbe, Ich-Erzähler der Haupthandlung, wird an der Ostfront schwer verwundet und verbringt ein Jahr zur Genesung in Mondsee, wo er in Handlungszusammenhänge eines Alltags eingebettet ist, der für den Protagonisten trotz des allgegenwärtigen Krieges Normalität und eine Rückkehr ins Private bedeutet. Ein zweiter umfangreicher Handlungsstrang ist mit dem jüdischen Ich-Erzähler Oskar Meyer verbunden, der den erfolglosen Versuch unternimmt, sich und seine Familie vor der Ermordung durch die Nationalsozialisten zu schützen. Außerdem kommen in Briefen Kurt Ritler, der Cousin von Annemarie Schaller (Nanni), sowie die Mutter von Veits Zimmernachbarin Margot zu Wort.

⇨ S. 27 ff.

Chronologie und Schauplätze:

Die Erzählgegenwart des Romans umfasst den Zeitraum von der Verwundung Veits im **November 1943** bis zu seiner Rückkehr zu seiner Truppe im **Dezember 1944**, zahlreiche Rückblicke und Perspektivenwechsel erweitern den Zeitraum der erzählten Zeit. Geografisch ist die Handlung Veits im Wesentlichen in der **Marktgemeinde Mondsee** im Salzkammergut angesiedelt, durch den Perspektivwechsel kommen **Darmstadt**, **Wien**, **Hainburg** und **Budapest** hinzu.

⇨ S. 57 ff.

Personen:

Die Hauptpersonen sind

⇨ S. 64 ff.

Veit Kolbe:

→ 23 Jahre alt, seit seinem Abitur 1939 als Soldat im Krieg, wird verwundet und kommt zur Erholung nach Mondsee

→ kriegsmüde, kritisch gegenüber der politischen Führung, posttraumatisches Belastungssyndrom

→ beginnt Liebesbeziehung mit der verheirateten Margot

→ tötet seinen Onkel Johann

⇨ S. 69 ff.

„Die Darmstädterin" Margot:

→ verheiratet, Mann steht an der Ostfront

→ Zimmernachbarin von Veit

→ hat wenige Wochen alte Tochter Lilo

→ aufmerksam und fürsorglich, verliebt sich in Veit und will mit ihm eine Familie gründen

⇨ S. 73 ff.

„Der Brasilianer" Robert Raimund Perttes:

→ Bruder der Vermieterin Trude Dohm, war nach Brasilien ausgewandert, kehrte aber wieder zurück nach Mondsee

→ setzt sich für ein naturverbundenes, freies Leben von Menschen ein und spart nicht mit Kritik an der Diktatur, wegen der er zu einer Gefängnisstrafe verurteilt wird und die am Ende das Leben des Ortsvorstehers kostet

⇨ S. 76 ff.

Trude Dohm und ihr Ehemann Max Dohm:

→ Trude Dohm ist die Vermieterin von Veit und Margot

→ ihr Ehemann Max ist Lackierermeister, er arbeitet für die Regierung im Generalgouvernement

→ beide gehen konform mit den politischen Zielen der Diktatur, beide versuchen die Situation gewinnbringend zu nutzen

Margarete Bildstein: ⇨ S. 78 f.

→ Lehrerin der Wiener Mädchen im Lager Schwarzindien
→ streng, wirkt zuweilen überfordert
→ verhält sich gegenüber Veit reserviert, distanziert gegenüber Männern

Kurt Ritler und Annemarie Schaller: ⇨ S. 79 f.

→ Kurt ist 17 und Annemarie (Nanni) 13 Jahre alt, sie sind miteinander verwandt (Cousin und Cousine) und ineinander verliebt
→ beide schreiben sich adoleszenztypische Briefe, in denen sie ihre Zuneigung ausdrücken
→ Annemarie verunglückt tödlich in der Drachenwand, Kurt wird zum „Volkssturm“ eingezogen und fällt noch in den letzten Kriegstagen

Oskar Meyer (Sándor Milch, Andor Bakos): ⇨ S. 80 ff.

→ ist jüdischen Glaubens, lebt mit Frau und zwei Kindern erst in Wien, dann in Budapest, einen Sohn kann er nach England in Sicherheit bringen, seine Frau und der zweite Sohn werden 1944 in Auschwitz ermordet
→ verpasst die Chance, sich und seine Familie zu retten
→ glaubt lange an einen guten Ausgang, hält die Familie durch seine Geschäftstüchtigkeit über Wasser
→ macht sich Vorwürfe, da er seine Familie nicht retten konnte
→ meldet sich zum Arbeitsdienst und kommt während eines Transports ums Leben

➪ S. 82 f.

Onkel Johann:

→ als Postenkommandant von Mondsee hat er das ranghöchste Verwaltungsamt, er vertritt die staatliche Autorität
→ ist nikotinabhängig, sehnt sich nach einem ruhigen Leben ohne Anstrengung
→ verfolgt Gesetzesbrecher ohne Mitleid

Neben diesen Hauptpersonen treten die Eltern von Veit sowie die Mädchen aus dem Lager Schwarzindien als Nebenfiguren auf.

Stil und Sprache:

➪ S. 94 ff.

Charakteristisch für den Roman ist das Erzählen aus verschiedenen Perspektiven: In den privaten **Tagebucheinträgen** von Veit Kolbe finden sich neben den Schilderungen seines täglichen Lebens auch Bemerkungen, die strafrechtliche Relevanz in der NS-Diktatur entwickeln könnten (zumal der Mord an seinem Onkel für ihn sicherlich die Todesstrafe zur Folge hätte). Die anderen Figuren äußern sich in **Briefen**, sprechen also direkt einen Adressaten an. Stil und Sprache sind dabei behutsam der Figur, aus deren Perspektive erzählt wird, angepasst.

Interpretationsansatz:

➪ S. 101 ff.

Unter der Drachenwand lässt sich als ein **Antikriegsroman** verstehen, in dem es darum geht, die unmenschlichen Folgen eines Krieges und einer Diktatur in den privaten Beziehungen zwischen Menschen und in deren Alltag nachvollziehbar zu machen. Durch diesen Alltag werden Ansätze einer humanen Gegenwelt erahnbar.

2. ARNO GEIGER: LEBEN UND WERK

2.1 Biografie

Arno Geiger
(* 1968)
© picture alliance / Karl Schöndorfer / picturedesk.com

Arno Geiger wurde am 22. Juli 1968 in Bregenz (Österreich) geboren. Sein Vater August wurde am 4. Juli 1926 in eine bäuerliche Großfamilie geboren, wurde schon als Achtzehnjähriger im Februar 1945 als Kraftfahrer an die Ostfront geschickt und kam erst im September 1945 in seinen Heimatort Wolfurt, eine Marktgemeinde im Bezirk Bregenz, zurück, wo er bis zu seiner Pensionierung als Gemeindeschreiber arbeitete; die Mutter stammte aus St. Pölten und arbeitete als Lehrerin in Wolfurt. Arno Geiger wuchs mit drei Geschwistern dort auf.

Er studierte Deutsche Philologie, Geschichte und Vergleichende Literaturwissenschaft in Innsbruck und Wien. Seit dem Abschluss des Studiums 1993 lebt er als freier Schriftsteller in Wien und Wolfurt.

Die Anerkennung, die er für seine erzählende Literatur erhält, spiegelt sich in einer großen Zahl von Literaturpreisen wider (vgl. dazu in 2.3 die Übersicht, S. 20).

JAHR	ORT	EREIGNIS	ALTER
22. 7. 1968	Wolfurt/ Bregenz (Österreich)	Geburt (Mutter aus St. Pölten, Vater aus Wolfurt)	0
1986–1993	Innsbruck und Wien	Studium der Deutschen Philologie, Geschichte und Vergleichenden Literaturwissenschaft	18–25
1986–2002	Bregenz	Videotechniker bei den Bregenzer Festspielen in den Sommermonaten	18–35
seit 1993	Wien/Wolfurt	freier Schriftsteller	25

JAHR	ORT	EREIGNIS	ALTER
1996	Klagenfurt	Teilnahme am Ingeborg-Bachmann-Wettbewerb	28
1997	Wien	Publikation des ersten Romans *Kleine Schule des Karussellfahrens*	29
2004	Klagenfurt	Teilnahme am Ingeborg-Bachmann-Wettbewerb	36
2005	Wien	Durchbruch mit *Es geht uns gut* (Verleihung des Deutschen Buchpreises)	37
2018	Wien	Der Roman ***Unter der Drachenwand*** erscheint	51
2019	Mainz	Mitglied der Akademie der Wissenschaften und der Literatur Mainz	52

2.2 Zeitgeschichtlicher Hintergrund

ZUSAMMEN-FASSUNG

Das Jahr 1944, in dem die Handlung des Romans *Unter der Drachenwand* spielt, war das sechste Jahr des Zweiten Weltkrieges, den das Deutsche Reich am 01. 09. 1939 mit dem Überfall auf Polen begonnen hatte. 1944 wurde die deutsche Wehrmacht bis in die ehemaligen Grenzen des Deutschen Reichs zurückgedrängt und es war nach der Landung der Alliierten im Sommer 1944 in Südfrankreich, Sizilien und der Normandie sowie nach der Zerschlagung der „Heeresgruppe Mitte" durch die Rote Armee klar, dass die Niederlage des Deutschen Reiches unabwendbar geworden war.

Der Roman spielt im Wesentlichen im Jahre 1944, dem vorletzten Jahr des Zweiten Weltkrieges, die verschiedenen Erzähler, die alle vom Krieg betroffen sind, schildern ihre Eindrücke von verschiedenen Orten aus: Ostfront/Ukraine, Mondsee/Wien, Darmstadt und Budapest. Insbesondere der Ich-Erzähler Veit Kolbe ruft sich Ereignisse in Erinnerung, die vor Kriegsbeginn geschehen sind und die vom Aufwachsen im „Dritten Reich" geprägt sind. Einige für das Verständnis des Romans wichtige historische Anknüpfungspunkte werden daher im Folgenden beschrieben:

Aufbau der Diktatur ab 1933

Nach der Wahl zum Reichskanzler am 30. 01. 1933 begann Adolf Hitler zielstrebig mit dem Aufbau einer Diktatur mit einer nationalsozialistischen Ausrichtung. Die am 05. 03. 1933 durchgeführten Neuwahlen brachten keine Mehrheit für die NSDAP, aber durch die am 28. 02. 1933 erlassene *Verordnung zum Schutz von Volk und Staat* wurden wichtige **Grundrechte** wie beispielsweise die Meinungsfreiheit oder der Schutz des Eigentums **ausgeschaltet**, durch das

Ermächtigungsgesetz vom 24. 03. 1933 wurde die legislative Gewalt für den Zeitraum von vier Jahren der Reichsregierung übertragen, das *Gesetz gegen die Neubildung von Parteien* vom 14. 07. 1933 verschaffte der NSDAP schließlich den Status der einzig legalen Partei.

Nationalsozialistische Ideologie in allen Lebensbereichen

Die sogenannte „Gleichschaltung" im Sinne der nationalsozialistischen Ideologie betraf nach und nach alle Bereiche der Gesellschaft. In der Erziehung wurde darauf geachtet, dass die **Kinder schon früh in Parteiorganisationen eingebunden** wurden, wo sie bereits eine paramilitärische Ausbildung erhielten: Mit zehn Jahren wurden die Jungen in das sogenannte „Jungvolk" aufgenommen, die Mädchen in den „Jungmädelbund". Nach vier Jahren kamen die Jungen für weitere vier Jahre in die „Hitlerjugend", die Mädchen in den „Bund Deutscher Mädel". Der Wehrdienst für die Jungen dauerte mindestens zwei Jahre (Einführung der allgemeinen Wehrpflicht im Jahre 1935). Die Mitgliedschaft in der NSDAP bzw. in den parteinahen Berufsorganisationen wie der „Deutschen Arbeitsfront" wurde erwartet.

Propagandaplakat für die paramilitärische Ausbildung in der „Hitlerjugend" © picture alliance / arkivi

Die Regierung sicherte ihre Macht innerhalb der Bevölkerung durch eine **gewaltsame Einschränkung der Meinungsfreiheit**: Die Menschen wurden sich bald darüber klar, dass es bei öffentlichen oder privaten Äußerungen, die nicht im Sinne der vorherrschenden nationalsozialistischen Ideologie waren, dazu kommen konnte, dass die „Geheime Staatspolizei" („Gestapo") auftauchte, Verhöre durchführte und die Vertreter kritischer Positionen in Gefängnisse und Konzentrationslager brachte.

Ausgrenzung, Verfolgung und Mord an den Juden

Bald nach der sogenannten „Machtübernahme“ begann zudem die immer stärker werdende Drangsalierung der jüdischen Bürger: 1933 wurden bereits alle jüdischen Geschäfte durch die paramilitärische „Sturmabteilung“ („SA“) boykottiert, zudem wurde das Gesetz erlassen, dass Juden weder Schulen noch Universitäten besuchen durften. Mit den *Nürnberger Gesetzen* im Jahre 1935 verloren Juden vollständig die Möglichkeit einer staatsbürgerlichen Mitwirkung, z. B. durch Wahlen; jüdische Beamte wurden entlassen, die Heirats- und Arbeitsmöglichkeiten wurden stark eingeschränkt. In der „Reichspogromnacht“ am 09. 11. 1938 wurden zahllose jüdische Geschäfte geplündert, viele Juden wurden ermordet. In der Folge wurde es Juden verboten, ein Handwerk auszuüben oder ein Geschäft zu betreiben, außerdem durften sie weder Theater, Kinos oder Konzerte besuchen noch mit öffentlichen Verkehrsmitteln fahren. Seit dem Beginn des Zweiten Weltkrieges 1939 mussten sie einen sogenannten „Judenstern“ tragen, ab 1941 und in der Folge der Wannsee-Konferenz vom Januar 1942 wurden Juden systematisch in Konzentrationslager gebracht und getötet, ihre Opferzahl bis zum Ende des Zweiten Weltkrieges wird auf sechs Millionen geschätzt.

Hitlers Expansionspolitik 1935–1939

Außenpolitisch ging es Hitler nicht nur darum, die Bestimmungen des Versailler Vertrages zu revidieren, sondern darüber hinaus „Lebensraum im Osten“ zu gewinnen, davon sprach er bereits wenige Tage nach seiner Ernennung zum Reichskanzler anlässlich einer Rede vor Offizieren der Reichswehr. Die ökonomischen Grundlagen für diese geplante expansive Politik wurden durch eine Ausweitung der landwirtschaftlichen Produktion und der Schwerindustrie geschaffen. Ein erster außenpolitischer Schritt im Sinne einer Revidierung des Versailler Vertrags war die **Wiedereingliederung des Saarlandes** im Jahre 1935; am 13. 03. 1938 wurde **Österreich besetzt**, im Herbst 1938 marschierte die Wehrmacht in das **Sudetenland** ein, im März 1939 dann in die **Tschechoslowakei**, aus der das „Reichsprotektorat Böhmen und Mähren" wurde.

Beginn des II. WK mit deutschem Angriff auf Polen

Der Zweite Weltkrieg begann mit dem deutschen Angriff auf Polen am 01. 09. 1939; vorausgegangen war der **deutsch-sowjetische Nichtangriffspakt** vom 23. 08. 1939, der die Neutralität der Sowjetunion vorsah und in einem geheimen Zusatzprotokoll die Aufteilung Polens zwischen beiden Staaten regelte. Bis zum Jahre 1941 eroberte Deutschland zusammen mit dem mit ihm verbündeten Italien fast ganz Europa und Teile Nordafrikas – die von Hitler am 16 07. 1940 befohlene Eroberung Englands, die am 13. 08. 1940 mit der „Luftschlacht um England" begann, scheiterte nach dem Verlust von über 2000 Flugzeugen und wurde im Frühjahr 1941 eingestellt.

Angriff auf die Sowjetunion 1941

Der am 22. 06. 1941 begonnene Angriff auf die Sowjetunion („Unternehmen Barbarossa") verlief zunächst erfolgreich, die Wehrmacht drang bis nach **Moskau** vor und belagerte die Stadt. In der Winteroffensive 1941 gelang es der Roten Armee dann aber, die Wehrmacht zurückzudrängen, die in ihrer Sommeroffensive 1942 die Halbinsel Kertsch zurückerobern und zudem die **Krim** besetzen konnte. Die Wehrmacht eroberte bis November 1942 rund 90 % von **Stalingrad**, wurde dann aber von der Roten Armee eingekesselt und verlor den Kampf im Februar 1943 unter großen Verlusten; diese Niederlage kann als **Wendepunkt des Krieges** betrachtet werden.

Flächenbombardements der Alliierten

Am 18. 02. 1943 verkündete der Propagandaminister Joseph Goebbels in der berühmten „Sportpalastrede" in Berlin den „totalen Krieg"; die Bevölkerung, deren Alltagsleben seit 1943 auch bei Tage durch die Bombenangriffe der Alliierten bestimmt wurde, wurde so auf noch größere Opfer eingestimmt. Die Alliierten wollten mit auf die Zivilbevölkerung gerichteten Flächenbombardements **den Rückhalt des Regimes in der Bevölkerung brechen**. Gleichzeitig verlangte die deutsche Regierung der Bevölkerung immer größere materielle Opfer ab, kriegswichtige Gegenstände wurden enteignet, da sich bereits in der Frühphase des Krieges ein Mangel an Rohstoffen wie beispielsweise Eisen bemerkbar machte. Ab Oktober 1944, als sich die Niederlage immer deutlicher abzeichnete, wurden noch Hunderttausende Soldaten in den sogenannten „Volkssturm" geschickt. Es handelte sich dabei um nur unzureichend ausgebildete Männer zwischen dem 16. und dem 60. Lebensjahr, die sich als eine Art „letztes Aufgebot" dem Feind entgegenwerfen sollten und die militärisch völlig chancenlos waren.

Bedingungslose Kapitulation und Ende des II. WK 1945

Die Alliierten, zu denen neben der **Sowjetunion** und **Großbritannien** seit ihrem Kriegseintritt im Jahre 1941 auch die **USA** zählten, vertrieben die Deutschen nach und nach aus den eroberten Gebieten, im Jahre 1944 hatte die Rote Armee geografisch den Punkt erreicht, von dem aus die Wehrmacht drei Jahre zuvor den Angriff auf die Sowjetunion begonnen hatte. Im Januar 1945 erreichte die Rote Armee mit rund drei Millionen Soldaten die Flüsse **Oder und Neiße**, bevor sie dann drei Monate später **Berlin** einnahm; im Westen landeten die Alliierten am 06. 06. 1944 (**„D-Day"**) mit über einer Millionen Soldaten in der **Normandie**, Anfang September 1944 war Frankreich befreit. Nach der gescheiterten letzten deutschen Offensive, der Ardennen-Offensive im Winter 1944/45, besetzten alliierte Truppen große Teile im Westen Deutschlands. Am 08. 05. 1945 endete der Zweite Weltkrieg in Europa mit der bedingungslosen **Kapitulation der Wehrmacht**; nach dem **Abwurf amerikanischer Atombomben** auf Hiroshima und Nagasaki war der Zweite Weltkrieg mit der **Kapitulation Japans** am 02. 09. 1945 auch global beendet.

Vertreibung und Flucht

Vertreibung und Flucht gehörten während des Krieges und in der Nachkriegszeit zu den alltäglichen Erfahrungen der Zivilbevölkerung – auch wenn man selbst nicht unmittelbar betroffen war, so war man mit den Auswirkungen ständig konfrontiert. Während des

Krieges **verloren zwischen 50 und 60 Millionen Menschen ihre Heimat**, weil sie vor herannahenden Armeen fliehen mussten oder weil sie im Rahmen der nationalsozialistischen Umsiedlungspolitik („Generalplan Ost") umgesiedelt oder zur Zwangsarbeit herangezogen wurden. In den letzten Kriegsjahren wurden ca. **fünf Millionen Menschen** von der deutschen Regierung **zur Zwangsarbeit verpflichtet**. Rund **zehn Millionen Menschen** wurden in der Folge der alliierten Bombenangriffe **evakuiert und aufs Land gebracht** (z. B. im Rahmen der „erweiterten Kinderlandverschickung").[1]

Das Propagandaplakat warb ab Oktober 1944 für den „Volkssturm"

Vor allem die Rote Armee trieb seit dem Frühjahr 1943 zahllose Flüchtlinge vor sich her. Diese kamen nicht nur aus den seit 1939 von den Deutschen besetzten Gebieten, sondern auch aus Ländern, die schon seit Jahrhunderten zu deutschen Siedlungsgebieten zählten. So flohen aus Rumänien, Jugoslawien, Bulgarien und Ungarn viele Deutschstämmige aus Angst vor der heranrückenden Roten Armee. **Bis 1951 verloren auf diese Weise mehr als 12 Millionen Menschen aus den ehemaligen Ostgebieten und südosteuropäischen Siedlungsgebieten ihre Heimat**; diese Vertreibung war bereits auf den Kriegskonferenzen in Teheran (1943), Jalta (Februar 1945) und Potsdam (Juli/August 1945) beschlossen worden.

1 Vgl. Beer, Mathias: *Flucht und Vertreibung der Deutschen*, S. 10.

2.3 Angaben und Erläuterungen zu wesentlichen Werken[2]

Werkübersicht

1997	*Kleine Schule des Karussellfahrens*. Romandebüt
1999	*Irrlichterloh*. Roman
2001	*Alles auf Band oder Die Elfenkinder*. Drama (zus. mit Heiner Link)
2002	*Schöne Freunde*. Roman
2005	*Es geht uns gut*. Roman
2010	*Alles über Sally*. Roman
2011	*Der alte König in seinem Exil*
2015	*Selbstporträt mit Flusspferd*. Roman
2018	*Unter der Drachenwand*. Roman

Darüber hinaus hat Arno Geiger eine Reihe von Erzählungen und Reden vorgelegt:

→ *Das Kürbisfeld* (1996, erste Erzählung)
→ *Koffer mit Inhalt* (1997)
→ *Anna nicht vergessen* (2007)
→ *Grenzgehen. Drei Reden* (2011, mit den Laudationes von Meike Feßmann und Felicitas von Lovenberg)
→ *Jona tobt* (zus. mit Kitty Kahane, 2012)
→ *Der Hahnenschrei. Drei Reden* (2019)

---

2 Vgl. zum Folgenden auch Nelles, Jürgen: *Arno Geiger*.

Preise und Auszeichnungen (in Auswahl)

1994	Nachwuchsstipendium des österreichischen Bundesministeriums für Wissenschaft und Kultur
1998	New Yorker Abraham-Woursell-Award für junge europäische Literatur für sein Romandebüt *Kleine Geschichte des Karussellfahrens*
1999	Literaturstipendium des Landes Vorarlberg
2001	Carl-Mayer-Drehbuchförderpreis (mit Tobias Albrecht)
2005	Friedrich-Hölderlin-Förderpreis der Stadt Bad Homburg
2005	Deutscher Buchpreis für *Es geht uns gut*
2008	Johann-Peter-Hebel-Preis des Landes Baden-Württemberg
2010	Literaturpreis der Vorarlberger Buch- und Medienwirtschaft
2011	Friedrich-Hölderlin-Preis der Stadt Bad Homburg
2011	Literaturpreis der Konrad-Adenauer-Stiftung
2011	Preis „Die zweite Realität" der Stiftung Sonnweid/Schweiz für *Der alte König in seinem Exil*
2011	Ehrenpreis des Deutschen Hospiz- und Palliativ-Verbandes, Kategorie Medien- und Öffentlichkeitsarbeit für *Der alte König in seinem Exil*
2011	Johann-Beer-Literaturpreis für *Der alte König in seinem Exil*
2012	Anton-Wildgans-Preis der österreichischen Industrie
2013	Hörspiel des Monats August für *Das Haus meines Vaters hat viele Zimmer*
2017	Alemannischer Literaturpreis
2018	Joseph-Breitbach-Preis
2018	Nominierung für den Deutschen Buchpreis (Longlist) mit *Unter der Drachenwand*
2018	Österreichischer Kunstpreis für Literatur
2019	Bremer Literaturpreis
2019	Mitglied der Akademie der Wissenschaften und der Literatur Mainz

Erläuterungen zu einzelnen Werken

Kleine Schule des Karussellfahrens (1997)	In dem Debütroman von Arno Geiger geht es um den jungen Mann Philipp Worovsky, der sich im Jahre 1989, dem Jahr des Mauerfalls, mit der empfundenen Sinnlosigkeit seines Lebens auseinandersetzt, von unerreichbaren Frauen und von einer echten Revolution wie der Französischen Revolution im Jahre 1789 träumt.
Irrlichterloh (1999)	Der Künstler Jonas arbeitet als Schildermaler in der Firma von Caspar Zelzer. Seine Freundin Ann-Kathrin reist eines Tages ohne Vorankündigung gemeinsam mit Caspar Zelzer ans Meer und nimmt ein von Jonas gemaltes Bild, das möglicherweise einen hohen Wert besitzt, mit. Jonas folgt ihr und lernt auf der Fahrt u. a die Kunsthändlerin Ira Constantin und Noemi kennen, mit der er sich schließlich anfreundet.
Alles auf Band oder Die Elfenkinder (2001, zus. mit Heiner Link)	Die beiden (fiktiven) Schriftsteller Arno und Heiner treffen sich in einem Münchner Lokal mit Anna, einer Esoterikerin, um mit ihr ein Gespräch zu führen, das sie auf Tonband aufzeichnen. Im Nachwort erläutern die beiden realen Schriftsteller, dass sie einer wirklichen Frau mit dem Hörspiel ein Denkmal setzen wollen.
Schöne Freunde (2002)	Der Junge Carlo Kovacs erbettelt sich vor dem Tor eines Bergwerks gemeinsam mit einem stummen Akkordeonspieler das nötige Kleingeld zum Überleben. Durch genaues Zuhören nimmt er die Kommunikation zwischen den Erwachsenen wahr und erfährt dabei vieles über die Sinnlosigkeit von Liebe, über Lüge und Betrug. Nachdem bei einem Grubenunglück alle 61 Arbeiter ums Leben gekommen sind, bleibt dem Jungen nur noch die Abreise; zusammen mit dem Akkordeonspieler, dem Bergwerksdirektor und einer Frau Doktor Grüneisen, begibt er sich auf ein Schiff und fährt ohne klares Ziel davon.

Es geht uns gut (2005)	Geiger erzählt die Geschichte von drei Generationen einer Familie. Im Jahre 2001 erbt Philipp Erlach die Villa seiner Großmutter in einer Wiener Vorstadt, die Ereignisse, die mit der Familie verbunden sind, werden in ausgewählten Rückblicken von 1938 bis 1989 erzählt. Während Philipp mit der Familiengeschichte nichts zu tun haben will und die Villa nach Kräften entrümpelt, erzählt Geiger die Geschichte von Philipps Großvater Richard, der in den 1950er Jahren als Minister in Österreich tätig war und seiner Großmutter Alma, die ihren Sohn Otto beim Angriff auf Wien verlor und deren Tochter Ingrid in den 1980er Jahren ertrank. Ingrid, Ärztin und Mutter Philipps, heiratete Peter, einen wenig ambitionierten Studenten, Philipp selbst ist Schriftsteller und hat wenig Ehrgeiz. Großeltern, Eltern und Philipp selbst werden anhand von Alltagsituationen charakterisiert, mit Hilfe der Ausschnitte aus ihrem Leben werden zeittypische Merkmale der jeweiligen Gesellschaft dargestellt.
Alles über Sally (2010)	Der Roman erzählt eine Ehebruchsgeschichte: Das Akademikerpaar Alfred und Sally ist schon 30 Jahre verheiratet, als ein Wohnungseinbruch Unordnung in ihr ruhiges Eheleben bringt und beide Ehepartner über die Bedeutung ihrer Ehe reflektieren lässt. Trotz einer Affäre Sallys steht am Ende des Romans das gemeinsame Bekenntnis zur ehelichen Bindung.
Der alte König in seinem Exil (2011)	In der umfangreichen Erzählung schildert Geiger, wie sein an Alzheimer erkrankter Vater sukzessive mental abbaut und wie sich allmählich seine Persönlichkeit verändert. Indem Geiger die Geschichte seines Vaters erzählt, der 1926 geboren wurde, der den Krieg an der Ostfront erlebte und in Kriegsgefangenschaft geriet und der nach seiner Rückkehr schwor, die Heimat nicht mehr zu verlassen, erzählt er auch die Geschichte seiner eigenen Kindheit in Wolfurt. Die Krankheit ist für Geiger ein Sinnbild des Zustandes der Gesellschaft: „Der Überblick ist verlorengegangen, das verfügbare Wissen nicht mehr überschaubar, pausenlose Neuerungen erzeugen Orientierungsprobleme und Zukunftsängste."[3]

3 Geiger, Arno: *Der alte König in seinem Exil*, S. 58.

Selbstporträt mit Flusspferd (2015)	Der Coming-of-age-Roman spielt im Jahre 2004 im Wiener Studentenmilieu. Julian, 22-jähriger Student der Veterinärmedizin, hat gerade seine erste Trennung erlebt und übernimmt als Ferienjob die Pflege eines Zwergflusspferdes. Julian erfährt ein Leben im Umbruch und in einer Warteposition, das Flusspferd wird zum personifizierten Symbol von Lässigkeit, die sowohl das Leben des jungen Mannes als auch die Erzählweise des Autors bestimmt.

3. TEXTANALYSE UND -INTERPRETATION

3.1 Entstehung und Quellen

ZUSAMMEN-
FASSUNG

Die Basis des Romans *Unter der Drachenwand* bilden Briefe aus der Zeit des Zweiten Weltkrieges, die Arno Geiger auf einem Flohmarkt kaufte. Diese gaben den Anstoß zum Roman. Daneben fließen auch biografische Gegebenheiten aus dem Leben seines Vaters mit hinein.

Briefe von Wiener Schulmädchen

Der Autor erwarb im Jahre 2008 auf einem Flohmarkt ein Bündel Briefe aus der Zeit des Zweiten Weltkrieges, in dem sich Kinder-, Eltern- und Behördenbriefe befanden, die im Kontext der „erweiterten Kinderlandverschickung" von Wiener Schulmädchen in das Lager Schwarzindien bei Mondsee entstanden. Diese Briefe öffneten den **Imaginationsraum des Romans**, den Geiger dann zehn Jahre später innerhalb weniger Monate zu Papier brachte.

Mondsee ist bereits Schauplatz im früheren Werk Geigers

Der Ort Mondsee und das Gasthaus „Schwarzindien" tauchen bereits in dem im Jahre 2005 erschienenen Roman *Es geht uns gut* auf: Richard Sterk denkt an seine Tochter Ingrid und versucht sich zu erinnern:

> „Wann wird es gewesen sein? Frühsommer 1943. Oder 1944? Mondsee. Schwarzindien, das weiß er noch. Schwarzindien hieß das Wirtshaus, in dem Ingrids Klasse untergebracht war. Vage hat er noch den Ton von Ingrids kindlichem Stolz im Ohr. Mädel vom Dienst im sommerlichen Schwarzindien."[4]

---

4 Geiger, Arno: *Es geht uns gut*, S. 204.

Biografische Bezüge

Kriegserlebnisse des Vaters literarisch verarbeitet

Parallelen lassen sich zu der biografischen Erzählung *Der alte König in seinem Exil* (2011) ziehen: Geiger schildert das Leben seines Vaters unter dem Eindruck einer fortschreitenden Demenz-Erkrankung. Dabei wird auch die Kriegserfahrung des Vaters erwähnt, die der von Veit Kolbe in *Unter der Drachenwand* ähnelt: Wie Veit wurde auch August Geiger als Achtzehnjähriger an die Ostfront geschickt und sollte dort Lastkraftwagen fahren, ohne einen Führerschein zu haben. Er setzte sich – wie Veit – in der Endphase des Krieges von seiner Einheit ab. August Geiger geriet in russische Kriegsgefangenschaft, wo er sich lebensgefährlich mit der Ruhr infizierte; er kehrte erst im September 1945 nach Wolfurt zurück. Wie Veit auch so bezeichnet August Geiger das Jahr im Kriegsdienst als „gestohlenes Lebensjahr“.[5] Arno Geiger erzählt im Interview mit Johannes Schröer von der Anwesenheit des Krieges in seinem Leben:

> „‚So hat der Krieg ganz selbstverständlich eine Präsenz auch in meinem Leben‘, erzählt Geiger, ‚mein Vater wollte nie mehr wieder von zuhause weggehen, nachdem er es nach Hause geschafft hat. Wir sind kein einziges Mal in den Urlaub gefahren. Wenn das ein Thema war, dann hat der Papa immer gesagt, **ich habe die Welt im Krieg gesehen – ich bleibe zuhause**.‘ Sein Vater habe durch den Krieg sein Weltvertrauen verloren, sagt der Autor.“[6]

---

5 Geiger, Arno: *Der alte König in seinem Exil*, S. 164.

6 Schröer, Johannes: *Wie man aus dem Bett des Teufels herauskommt. Gespräch mit Arno Geiger*. Vgl. einen weiteren Auszug des Interviews in 5. Materialien, S. 119 f.

In *Unter der Drachenwand* äußert sich der Erzähler Veit Kolbe zuweilen auch ähnlich wie der Autor Arno Geiger. Veit schreibt in sein Tagebuch:

> „Und dann streifte mein Blick über das Gewächshaus, in dem vom Unterlauf der Donau geflohene Frauen und Männer die Arbeit des Brasilianers verrichteten. Ich empfand die Anwesenheit dieser Fremden als irritierend. Gleichzeitig boten auch sie sich als Möglichkeit an, **meinen Blick zu erweitern** und dann bestätigt zu finden, dass es nichts Absolutes gibt, nichts *Totales*, Herkunft, Rasse, gesellschaftliche Stellung, Überzeugung. Es lag nur an mir, hinüberzugehen." (S. 358)

Motivation fürs Schreiben

In seiner Dankrede zur Verleihung des Joseph-Breitbach-Preises schildert Arno Geiger, was die Motivation für sein Schreiben ist, es geht ihm um eine Erweiterung des Blicks, um ein „Hinübergehen": „**Das Schreiben eines Romans ist immer ein Hinübergehen**. Ausgangspunkt jedes Schreibbeginns ist bei mir Neugier, der Impuls: Ich verstünde es gerne besser, ich muss hinübergehen. Wüsste ich viel oder sogar sehr viel, dann ließe ich das Schreiben vielleicht."[7]

---

7 Geiger, Arno: *Unwiderlegbar ist die Gestalt. Dankrede zur Verleihung des Joseph-Breitbach-Preises*, S. 21.

3.2 Inhaltsangabe

ZUSAMMEN-FASSUNG

Veit Kolbe, Ich-Erzähler der Haupthandlung, wird an der Ostfront schwer verwundet und verbringt ein Jahr zur Genesung in Mondsee, wo er in Handlungszusammenhänge eines Alltags eingebettet ist, der für den Protagonisten trotz des allgegenwärtigen Krieges Normalität und eine Rückkehr ins Private bedeutet. Ein zweiter umfangreicher Handlungsstrang ist mit dem jüdischen Ich-Erzähler Oskar Meyer verbunden, der den erfolglosen Versuch unternimmt, sich und seine Familie vor der Ermordung durch die Nationalsozialisten zu schützen. Außerdem kommen in Briefen Kurt Ritler, der Cousin von Annemarie Schaller (Nanni), sowie die Mutter von Veits Zimmernachbarin Margot zu Wort.

Die Handlung setzt am Ende des Jahres 1943 mit einer Schilderung der Verwundung des Ich-Erzählers Veit Kolbe ein, die seine Rekonvaleszenz in Mondsee notwendig macht, die bis zum Dezember 1944 dauert, als er zu seiner Einheit zurückkehrt.

(1) Im Himmel, ganz oben (S. 7–21)

Veit Kolbe wird verwundet

Der dreiundzwanzigjährige Soldat Veit Kolbe wird Ende November 1943 auf dem Rückzug seiner Einheit an der Ostfront in der Nähe des Flusses Dnjepr von einer Granate getroffen und schwer verletzt. Im ersten Kapitel schildert er den mühevollen Transport der Verwundeten, der wegen des schlechten Wetters und der häufigen feindlichen Angriffe zum Teil nur schleppend vorankommt. Über Prag wird er ins Saarland gebracht. Am 2. 12. 1943 wird er am Oberschenkel und am Schlüsselbein operiert. Der Erzähler schildert, wie ihn der Anblick seines unrasierten und vom Krieg ausgelaugten Gesichts erschüttert. Außerdem machen die nur langsam zuheilenden Wunden immer wieder chirurgische Eingriffe erforderlich. Die Verleihung des Verwundetenabzeichens erinnert Kolbe daran, dass er seit vier Jahren als Kraftfahrer im Krieg ist und für die erlittene Mühsal niemals Anerkennung bekommen hat.

Kolbe ist seit fünf Jahren beim Militär und bezeichnet diese Zeit als „verlorene Jahre" (S. 17), er wäre gerne aus der Armee ausgeschieden, das wird ihm allerdings verweigert. Sein Gesundheitszustand bessert sich, er wird aus dem Krankenhaus entlassen und fährt über Frankfurt, München und Salzburg nach Wien, das er fünfzehn Monate zuvor verlassen hat.

(2) Seit meinem letzten Aufenthalt (S. 22–31)

Rückkehr nach Wien ins Elternhaus

Veit Kolbe kehrt nach Hause zurück und bemerkt, dass das Zuhause ein anderes ist als das, das er verlassen hat. Seine Mutter betäubt sich mit Arbeit, während der Vater nach wie vor optimistisch über den Kriegsausgang denkt und der Meinung ist, dass er langfristig etwas Positives bewirke. Der Anblick des Jugendzimmers, das sich seit seinem Weggang zum Militär kaum verändert hat und Kolbe an seine Schulzeit erinnert, macht ihm gleichzeitig den unwiederbringlichen Verlust der Jahre bewusst: „Ich habe so viel Zeit verloren, dass ich sie nicht aufholen kann" (S. 23).

Genehmigung eines Genesungsurlaubs

Der Ich-Erzähler absolviert eher pflichtgemäß Besuche bei Verwandten und empfindet deren Kommentare über den Krieg als wenig angemessen. Im Wehrbezirkskommando wird seine Krankschreibung bestätigt und ein mehrmonatiger Genesungsurlaub gewährt; die Ausmusterung bzw. die Freistellung zum Studium bleiben ihm aber verwehrt. Die ständigen Diskussionen mit seinem Vater lassen Veit den Aufenthalt bei seinen Eltern als „Irrsinn" empfinden. An Weihnachten trifft eine Karte von seinem Onkel Johann aus Mondsee ein, dem er von der Front aus Tabakwaren geschickt hatte. Veit fasst den Plan, aufs Land, in eine friedlichere Gegend, zu gehen, er telefoniert mit ihm und bittet ihn, ihm bei der Zimmersuche behilflich zu sein. Am Neujahrstag des Jahres 1944 fährt Veit Kolbe nach Mondsee.

(3) Eine halbe Fahrstunde von Salzburg (S. 32–48)

Veits Onkel besorgt ihm ein Zimmer in Mondsee

Der Ich-Erzähler wird von der Zimmervermieterin („Quartierfrau") am Bahnhof von Mondsee abgeholt und zu seinem Zimmer gebracht. Er verbringt die erste Nacht in Unruhe und frierend in einem dürftig möblierten Zimmer und macht am nächsten Tag einen Erkundungsgang durch die Stadt. Er besucht seinen Onkel, sie unterhalten sich über die Familie und die Kriegserfahrungen. Als er in sein Zimmer zurückkehrt und vergeblich nach dem gewohnten Gewehrriemen an der Schulter tastet, hat er zum ersten Mal einen Ohnmachtsanfall: „Ich hatte weiche Knie und zitterte, für einen Moment war alles aufgehoben, Zeit, Distanz, es gab kein Dazwischen, nichts, was mich beschützte. Bruchstücke der Vergangenheit fielen auf mich herunter und begruben mich, es war, als müsse ich ersticken" (S. 39). In seiner Erinnerung taucht das Gesicht einer Frau auf, bei der er und seine Kameraden in der Ortschaft Jawkino gewohnt haben und deren Haus infolge eines geplatzten Ofens in Feuer geriet und abbrannte. Der Ich-Erzähler entsorgt die nach totem Tier stinkende Matratze und reinigt das Bettgestell.

Margot ist Veits Zimmernachbarin

Erstmals erwähnt er Margot, die „Reichsdeutsche" aus Darmstadt, die im Zimmer neben ihm wohnt und deren Ehemann an die Front abkommandiert wird. In den nächsten Tagen erledigt Veit Behördengänge und Einkäufe, insbesondere das Selbst-Einkaufen hat für ihn den Charakter von Normalität. Er hat nach wie vor gesundheitliche Beeinträchtigungen, vor allem die Wunde am Oberschenkel macht immer wieder Probleme, da auch die für eine

Veit erlebt wieder „Normalität"

Heilung förderliche Wärme fehlt. Der Ich-Erzählers erreicht beim Ortsgruppenleiter, dass ihm die Anschaffung eines eisernen Dauerbrandofens genehmigt wird. Zusätzlich lässt er sich ein neues Bett anfertigen und schafft eine Seegrasmatratze an.

Erste Begegnung mit den Wiener Mädchen

Mitte Januar unternimmt er einen Spaziergang nach St. Lorenz und kehrt dort in einem Gasthaus ein, dessen früherer Besitzer, Anton Lanner, im Sommer 1942 wegen Schwarzschlachtens gemeinsam mit seinem Sohn hingerichtet worden ist. Auf dem Rückweg begegnet er einer Gruppe von zwölf- oder dreizehnjährigen Mädchen, die aus demselben Wiener Viertel kommen wie der Erzähler und die nach Schwarzindien unterwegs sind. Der Erzähler wird traurig, als er sich vorstellt, dass diese Mädchen bei seinem Weggang in die Armee erst acht Jahre alt gewesen sind, bei ihrem Anblick empfindet er „die ganze Traurigkeit meines Lebens“ (S. 47).

(4) Während der neue Ofen (S. 49–59)

Bekanntschaft mit Lehrerin der Mädchen

Nachdem der neue Ofen installiert worden ist, lässt die Anspannung im Protagonisten nach und er beginnt, sich zu erholen. Er bedankt sich beim Ortsgruppenleiter für die Zuweisung. Von seinem Onkel erfährt er, dass dessen Frau sich von ihm getrennt habe, da er kein ihr angemessen erscheinendes Arbeitsethos besitze. Auf der Straße treffen sie die Lehrerin Margarete Bildstein, die sich über zu wenig Heizmaterial beklagt. Veit Kolbe begleitet sie auf ihrem Rückweg zum Gasthaus Schwarzindien. Dort angekommen unterhält er sich mit den Mädchen über gemeinsame Kriegserfahrungen. Beim Abschied erscheint ihm die Situation der Mädchen, die an einem abgelegenen Ort auf das Leben vorbereitet werden sollen, merkwürdig. Er kehrt zu seiner Herberge zurück und trifft auf Margot. Sie unterhalten sich über die Geräusche, die durch die dünne Wand ihrer beiden aneinandergrenzenden Zimmer dringen.

Gespräch mit den Mädchen über den Krieg

Das Gasthaus Schwarzindien am Mondsee um 1935
© picture alliance / IMAGNO / Austrian Archives

(5) Nach einem zweitägigen kurzen Antäuschen (S. 60–71)

Margot und Veit sprechen über den schwierigen Charakter der Quartierfrau, die offenkundig eine Befürworterin der herrschenden Ideologie ist und die darüber hinaus alle Gelegenheiten wahrnimmt, um sich zu bereichern.

Veit erleidet regelmäßig nervöse Anfälle

Als Veit sich mithilfe eines Bajonetts aus einem Dosenblech eine Reibe zurechtmacht, hat er einen nervösen Anfall, in dessen Verlauf er sich an die traumatischen Kriegserlebnisse erinnert (Partisanen, die ihr eigenes Grab schaufeln müssen, der Brand in Jawkino), sein Anfall klingt normalerweise erst am nächsten Tag ganz ab Nachdem er sich beruhigt hat, hört er vom Nebenzimmer die Stimme Margots, die das Baby wickelt.

Bekanntschaft mit dem Brasilianer

Kriegserinnerung reißen ihn auch mitten in der Nacht aus dem Schlaf. Er hört Musik von draußen und stellt fest, dass sie aus dem Gewächshaus gegenüber kommt. Er betritt das Gewächshaus und trifft dort auf den Gärtner, einen Brasilienheimkehrer, der das Land nach wie vor vermisst („Reich ist man, wenn man das Glück hat, in Brasilien leben zu dürfen", S. 69.). Der Gärtner züchtet als einziger Anbieter in der Ostmark Orchideen und muss den Ofen die ganze Nacht hindurch heizen, damit die Orchideen wachsen. Da er sich vor einigen Jahren unüberlegt über Hitler geäußert hat, sind ihm die Ehrenrechte eines Deutschen aberkannt worden – eine Arbeitshilfe wird ihm daher nicht gestattet.

(6) In der Früh ertrug ich (S. 72–84)

Näherer Kontakt mit Margot

Am nächsten Tag, dem 31. Januar 1944, hört sich Veit zunächst die Neuigkeiten aus Mondsee an, die die Quartierfrau erzählt; dann begibt er sich zu seinem Onkel, ist aber noch so unkonzentriert, dass es ihm nicht gelingt, das Durchschlagspapier korrekt einzuspannen. Nach wie vor hat er Kopfschmerzen, auch die Wunden am Bein heilen nur langsam. Er fährt in das Krankenrevier nach Vöcklabruck und stellt sich bei einem Arzt vor. Der Kontakt zu Margot intensiviert sich; da Veit Unbehagen beim Betreten einer Fleischerei verspürt, bittet er Margot, die dortigen Einkäufe vorzunehmen. Margot kocht zunehmend für ihn mit, sie essen gemeinsam. Samstags bevölkern die Mädchen der „Kinderlandverschickung" das Dorf, weil sie frei haben.

Die Lehrerin berichtet Veit von Nanni und Kurt

Veit ist nachts beim Gärtner, der ihm seine Lebensgeschichte erzählt. Er erzählt, dass er als Reformbiologe in Brasilien gearbeitet habe und wegen seiner im vergangenen Jahr verstorbenen Mutter zurückgekehrt sei. Er vermisse das Land und vor allem die Heiterkeit der dortigen Menschen. Veit trifft auf die Lehrerin Bildstein, die ihm von der Liebesgeschichte zwischen Nanni und Kurt erzählt;

Veit reflektiert darüber, dass er versucht hatte, mit der Lehrerin zu flirten und zurückgewiesen worden ist; es sei nicht seine erste Enttäuschung gewesen und werde auch nicht seine letzte sein.

Der Krieg ist in Mondsee in der Luft sichtbar

Bei einem Luftalarm am 25. Februar beobachtet Veit ein Geschwader von rund fünfzig Bombern; ein zweites Geschwader wird von deutschen Jägern attackiert, die immer die letzte Maschine der Formation angreifen und einige Male erfolgreich sind. Zwölf Stunden nach dem Angriff erfolgt ein weiterer Angriff der Bomber, ohne dass sie auf nennenswerte Gegenwehr treffen; Veit kommentiert ironisch: „mein Dienstgeber hatte sich tagsüber *total* verausgabt" (S. 82).

Veit hat Geburtstag

Am 26. Februar feiert Veit seinen 24. Geburtstag. Er denkt daran, dass er es sich früher vorgenommen hatte, spätestens an diesem Tag mit dem Studium zu beginnen. Er erinnert sich außerdem an seine Schwester Hilde, die mit 16 Jahren an einer Krankheit gestorben ist.

(7) Am Freitag wurden in Darmstadt (S. 85–96)

Margots Mutter berichtet aus Darmstadt

In diesem Kapitel findet der erste Perspektivenwechsel statt: Die Ich-Erzählerin ist nun Margots Mutter, die aus Darmstadt an ihre Tochter in Mondsee schreibt. Sie berichtet davon, dass 800 Hasen verteilt worden seien und dass sie wegen geplatzter Reifen auf das Rad verzichten muss. Der Vater Margots ist in Metz und befürchtet, noch an die Ostfront kommandiert zu werden. Margots Schwester Bettine ist 16 Jahre alt und arbeitet in Berlin als Schaffnerin in einer Straßenbahn, die Mutter macht sich Sorgen und bittet Margot darum, die Schwester vor amourösen Abenteuern zu warnen. Margots Mutter beklagt die Bierqualität, dass es zu wenig zum Rauchen gebe und die ständigen Luftangriffe, die vor allem auf Frankfurt, aber auch auf Darmstadt geflogen werden. Sie schildert den Alltag in Kriegszeiten, berichtet von Geburten und Todesfällen und äußert die Hoffnung auf ein baldiges Kriegsende und die Rückkehr der Tochter.

(8) Susi hat mich bei der Straßenbahn (S. 97–110)

Kurt schreibt aus Wien an Nanni in Mondsee

Die Perspektive wird erneut gewechselt: Diesmal ist Kurt Ritler der Ich-Erzähler, geboren am 23. April 1927, der aus Wien seiner Freundin Nanni in Mondsee schreibt. Der Text besteht aus mehreren Briefen (jeweils aber ohne förmliche Anrede), Kurt geht immer wieder auf Briefe Nannis und ihre Erzählungen ein.

Im **ersten Brief** (S. 97–101) schreibt er, dass er an sie denkt, sie vermisst und hofft, dass sie bald zurückkehren wird. Er rät ihr, nicht zu viel zu essen, damit sie nicht zunimmt. Außerdem möchte er wissen, was es mit den anderen Jungen auf sich hat, die sich vor dem Lager aufhalten. Er berichtet ihr von der Arbeit ihrer Mutter, die in einem Betrieb Spatentaschen nieten muss und die unter dem Akkord und dem von gegenseitigem Misstrauen geprägten Betriebsklima leidet. Er ermutigt Nanni, ihm zu schreiben, wenn es ihr schlecht geht. Er stellt in Aussicht, nach Mondsee zu kommen, wenn er die von den Eltern erwarteten schulischen Leistungen erfüllt; gemeinsam mit ihr möchte er dann die Drachenwand besteigen.

Im **zweiten Brief** (S. 101–104) berichtet er, dass sein Bruder Erhard auf Heimaturlaub zurückgekommen ist, dessen Uniform nutzt Kurt, um in Kinofilme gehen zu können, für die eine Altersbeschränkung besteht. Er berichtet von einer Verordnung der „Reichsjugendführung", nach der alle Mädchen von 14–20 Jahren eine einheitliche Haarlänge tragen müssen; für Nanni gelte dies in einem halben Jahr. Er erinnert sie an ihren ersten Kuss und versichert sie seiner Treue. Er erzählt, dass die Bedrohung durch Luftangriffe zugenommen habe und dass die Flugzeuge ohne Widerstand immer tiefer ins Land eindringen. Eines der Flugzeuge habe kürzlich Flugblätter abgeworfen.

Kurt möchte Nanni besuchen und mit ihr die Drachenwand besteigen

Im **dritten Brief** (S. 104–106) betont Kurt, dass er seine Zeit besser nutzen möchte. Er hofft, dass der kommende Sommer den Frieden bringen und dass er mit Nanni wieder vereint sein wird (wir legen uns „auf eine Blumenwiese, schauen in den Himmel und werden froh und glücklich sein, dass keine Sirene mehr heult und kein feindlicher Bomber mehr über unseren Köpfen fliegt“, S. 105), er möchte sie an Ostern besuchen und mit ihr die Drachenwand besteigen.

Im **vierten Brief** (S. 106–108) berichtet er, dass seine Klasse am Vormittag wegen eines Bombenalarms gezwungen gewesen ist, eine Klassenarbeit im Keller weiterzuschreiben. Außerdem habe er Blut gespendet und dafür eine Sonderzuweisung an Lebensmitteln erhalten. Sein Bruder Erhard sei wieder eingerückt, aus den zitierten Bemerkungen wird deutlich, dass Erhard dem Kriegseinsatz kritisch gegenübersteht.

Kurt erhält keine Briefe mehr von Nanni

Im **fünften Brief** (S. 108–110) beklagt sich Kurt zunächst darüber, dass er seit einer Woche keinen Brief mehr von Nanni erhalten hat. Er äußert Unverständnis darüber, dass Nannis Lehrerin seine Briefe gelesen und seine Eltern über die Liebesbeziehung zu seiner Cousine informiert hat. Sein Vater habe ihm den weiteren Kontakt ausdrücklich verboten und ihm in Aussicht gestellt, dass er auch noch in den Krieg müsse. Er fordert Nanni auf, zukünftig nur noch an die Adresse eines Freundes zu schreiben, da auch ihre Briefe von seinen Eltern gelesen würden.

(9) Wie's mir geht? (S. 111–128)

Oskar Meyer schreibt über die immer stärkeren Repressalien gegen Juden

Die Erzählperspektive wechselt erneut, diesmal ist der Ich-Erzähler Oskar Meyer, der an seine Cousine Jeannette schreibt. Oskar Meyer ist Jude und lebt mit seiner Frau Wally und seinem Sohn Georg in Wien. Er schreibt, dass er und seine Familie seit dem 01. 01. 1939 zwangsweise einen hebräischen zweiten Namen tragen müssen und dass sie aufgefordert worden seien, ihre Wohnung zu räumen.

Die Familie lebt fast ohne Unterstützung und in einem rechtlosen Zustand in einer überfüllten Unterkunft, die Pläne für eine Auswanderung lassen sich wegen einer fehlenden Bürgschaftserklärung („Affidavit") von Wallys Verwandten in Amerika nicht umsetzen, auch die Einreise nach Südafrika, wo offenbar die Adressatin lebt, ist bislang nicht geglückt. Als das Affidavit aus Amerika endlich eintrifft, sind die Quoten gesperrt.

Meyer schreibt von immer stärkeren offiziellen Repressalien, die die Bewegungsfreiheit der Juden zunehmend einschränken. Dennoch glaubt er daran, dass es sich lohne, durchzuhalten, da er davon ausgeht, dass die Repressalien irgendwann einmal aufhören werden. Er und seine Frau betonen, dass sie als freie Bürger geboren seien und das Recht hätten, in ihrer Heimat zu bleiben.

Flucht mit Familie nach Budapest gelingt

Ein Angebot, als Zahntechniker in Accra/Westafrika zu arbeiten, lehnt er wegen des Klimas ab. Allerdings werden die formalen Anforderungen für eine Ausreise immer höher, sodass es kaum möglich ist, alles zu erfüllen. Nach dem Kriegseintritt Amerikas im Jahre 1941 muss jeder Jude sichtbar einen Stern auf seiner Kleidung tragen, zudem ist ein Ausreiseverbot für Juden ergangen. Die jüdischen Familien in ihrer näheren Umgebung werden nach und nach abgeholt, Wally Meyer äußert die Befürchtung, dass sie getötet werden. Daher entschließt Meyer sich, zusammen mit seiner Familie illegal nach Budapest zu fliehen; für diese Flucht sammeln sie das letzte verbliebene Geld zusammen, um den Fluchthelfer bezahlen zu können. Die Flucht gelingt.

(10) Den ganzen Tag Schneegestöber (S. 129–146)

Veit hat viel Kontakt mit dem Brasilianer

Veit Kolbe genießt die neue Seegrasmatratze, verbringt den Vormittag im Bett mit Schreiben. Er schreibt Briefe an Helmut, einen Kameraden, der in Tarnopol stationiert ist, und an seine Eltern. Am Briefkasten trifft er Margot, der er seine Höhensonne für das Baby leiht. Als die Quartierfrau von der Höhensonne erfährt, verlangt sie umgehend einen höheren Stromkostenanteil. Margot besucht Veit in seinem Zimmer und entschuldigt sich dafür, der Quartierfrau von der Höhensonne erzählt zu haben. Der Kontakt mit dem Gärtner intensiviert sich, er schätzt an ihm, dass er sich dem öffentlichen Meinungsdruck nicht gebeugt habe: „Auch war ich lange genug unter Menschen gewesen, die sich bereitwillig jedem Zwang unterordneten und den Krieg akzeptierten wie das Reißen in der Schulter, so dass es mir gefiel, mit jemandem zu verkehren, an dem der Hebel zur Gleichschaltung nicht umgelegt worden war" (S. 132 f.).

Veits „pulverisierte" verlorene Jugendzeit

Am Geburtstag seiner Schwester Hilde, dem 11. März 1944, zündet Veit eine Kerze für sie an, eine Woche später, am „Tag der Wehrmacht", unternimmt er eine Wanderung am See. Er passiert dabei das Lager Schwarzindien und denkt an die durch den Krieg verlorene Jugendzeit (vgl. S. 138 f.), er bezeichnet sie als „pulverisierte Jahre" (S. 139). Während er am See stehend daran denkt, hat er erneut einen Anfall, in dessen Verlauf er lebensbedrohliche Situationen des Krieges nochmals durchlebt und unter starker Atemnot leidet: „Bis jetzt hatte ich doch alles überstanden, hatte in allem entsprochen, als Sohn, als Schüler, als Soldat. Warum jetzt? War es das böse Erwachen? Das Gefühl, ich kann nicht mehr, ich will nicht mehr, Schlussstrich, Zusammenbruch?" (S. 140).

Veits Begegnung mit Nanni

Als er wieder zu sich kommt, steht Annemarie Schaller neben ihm und versucht, ihn zu beruhigen. Sie zeigt ihm einen Brief ihrer Mutter, in dem diese Nanni wegen der Liebesbeziehung zu ihrem Cousin Kurt scharf kritisiert und ihr in Aussicht stellt, sie unverzüglich nach ihrer Rückkehr in eine Anstalt einzuweisen, wenn sie sich nicht änderte. Nanni bittet Veit, sich als Vermittler einzuschalten, was Veit ablehnt mit dem Hinweis, dass es die Mutter wohl nicht so streng gemeint habe. Der genaue Wortlaut des Briefes der Mutter findet sich am Ende des Kapitels.

(11) Der März war ungewöhnlich (S. 147–162)

Nanni ist verschwunden

Veits körperliche Wunden heilen allmählich zu, gegen die Angst-Attacken gibt ihm der Gemeindearzt Pervitin. Die Tage werden allmählich länger, der Brasilianer hat mit Orchideen und Gemüse sehr viel Arbeit. Während der Krieg immer näher rückt, geht der Alltag in Mondsee seinen normalen Gang; Veit denkt mit Sorge daran, dass er bald wieder als verwendungsfähig eingestuft und zurück an die Front geschickt werden könnte. Am Gründonnerstag des Jahres 1944 wird bekannt, dass Annemarie Schaller nicht mehr in das Lager zurückgekommen ist, die Suche nach ihr bleibt erfolglos. Veit wird zu seinem Onkel gerufen, um die Aussage von Annemaries Mutter zu protokollieren, die nach Mondsee gekommen ist, um nach der Tochter zu suchen. Sie reist ohne Erfolg wieder ab.

(12) Der Elternbesuchstag (S. 163–174)

Als die Eltern der aus Wien in das Lager Schwarzindien geschickten Mädchen zu Besuch kommen, beunruhigt das Verschwinden Nannis, die Eltern fragen sich, ob die Kinder in Mondsee in Sicherheit sind: „Und nun fragten sie sich, was bedrohlicher war, die für Wien zu erwartenden Bombenangriffe oder die Dschungel Schwarzindiens mit ihren Geheimnissen“ (S. 164).

Veit trifft die Lehrerin Bildstein wieder, die von ihren Problemen mit der Schulbehörde nach dem Verschwinden von Nanni berichtet; sie kritisiert den schlechten Gesundheitszustand des Ich-Erzählers.

Bei der Polin, die Veits Stiefel einmal wöchentlich putzt, handelt es sich um eine Zwangsarbeiterin, die im selben Alter wie Veit ist und die wie er beklagt, dass ihre Lebensträume unerfüllt bleiben.

Der Onkel lässt Veit Kurts Briefe an Nanni lesen

Im Gespräch mit seinem Onkel, dem Ortsvorsteher, äußert sich Veit besorgt über den zu erwartenden Angriff der Roten Armee und er kritisiert diejenigen, die Durchhalteparolen verkünden, ohne dass sie selbst Fronterfahrung haben oder bereit wären, an die Front zu gehen. Der Onkel lässt ihn die Briefe lesen, die Kurt Ritler an Nanni schreibt und in denen sich der Junge Sorgen um das Mädchen macht.

Am 19. 04. 1944 verlangt die Quartierfrau von Veit, dass er anlässlich des Geburtstages Adolf Hitlers die Fahnenstange aufstellt; er folgt der Aufforderung, obgleich es zu regnen beginnt.

Veit isst mit Margot zu Abend, es wird klar, dass beide in Mondsee sind, weil sie nicht bei den Eltern bleiben wollen.

Verhaftung des Brasilianers

Der Brasilianer äußert in einem Gespräch die Hoffnung, dass der Krieg bald zu Ende ist und er nach Brasilien zurückkehren kann: „Nur weg von diesem Räuber- und Kriegskontinent“ (S. 173). Die Mädchen aus dem Lager Schwarzindien besuchen ihn regelmäßig, er äußert sich ihnen gegenüber immer wieder kritisch zu zentralen Aspekten der nationalsozialistischen Ideologie. Am 23. 04. 1944 spricht der Brasilianer öffentlich beleidigend über Adolf Hitler und Joseph Goebbels und wird am nächsten Tag verhaftet.

(13) Der Brasilianer wurde nicht über Nacht (S. 175–187)

Zu Beginn des Kapitels wird beschrieben, wie der Brasilianer von der Geheimpolizei abgeholt wird; während er abgeführt wird, bittet er Veit darum, sich um die Pflanzen zu kümmern.

Veit und Margot kümmern sich um das Gewächshaus des Brasilianers

Die Dorfgemeinschaft im Gasthaus kritisiert den Brasilianer, denn er hätte es beim bloßen Denken belassen und seine Meinung nicht öffentlich äußern sollen. In der Nacht machen sich Plünderer über das Gewächshaus her, die Veit mit Gebrüll vertreiben kann. Veit kümmert sich um die Pflanzen, obgleich er vom Onkel bereits den Hinweis bekommt, dass man ihn im Dorf nicht mehr gerne sehe; bald kommt ihm auch Margot im Gewächshaus zu Hilfe. Da im Gewächshaus Nahrung für die Mädchen des Lagers Schwarzindien und die Dorfgemeinschaft produziert wird, erhält Veit das Material, um den von den Plünderern angerichteten Schaden reparieren zu können.

(14) In den Dschungeln Schwarzindiens (S. 188–199)

Kein gutes Klima im Dorf

Anfang Mai 1944 bewirtschaften Veit und Margot die verlassene Gärtnerei, während der Brasilianer in Haft ist. Für Veit bedeutet das zwar eine anstrengende, aber auch befriedigende Arbeit im Gewächshaus, während Margot für alle geschäftlichen Aufgaben verantwortlich ist. Das soziale Klima im Dorf ist nicht gut: „Die Atmosphäre im Dorf war weiterhin geprägt von der keifenden Quartierfrau, überfliegenden Bomberstaffeln, Todesfällen, Latrinengerüchen und Stromausfällen“ (S. 191).

Veit und Margot kommen sich näher

Veit und Margot essen zusammen regelmäßig zu Abend und kommen sich näher. Margot erzählt, dass ihre Heirat mit Ludwig eher dem Drang geschuldet war, endlich die Familie verlassen zu können („Heiraten sei ihr als die beste Möglichkeit zum Loskommen erschienen“, S. 195); die ungewollte Schwangerschaft sei dann der Auslöser für die Ehe mit einem Mann geworden, den sie nur wenige Wochen gekannt habe und von dem sie nun meint, dass er nicht der richtige Mann für sie sei. Veits Tagebuch widmet sich immer wieder ausführlichen Beschreibungen von Lilos Verhalten. Am Ende des Kapitels gestehen sich beide ein, dass sie gerne beieinander sind, während eines Ausfluges gemeinsam mit Lilo küssen sie sich erstmals. Margot bittet Veit, vom Krieg zu erzählen, Veit bezeichnet die Kriegszeit als „grauenhafte(n) Leerlauf“ (S. 199) und er bedauert es, dass diese Vergangenheit nicht verändert werden kann.

(15) Da ich keine Beziehungserfahrung (S. 200–215)

Verliebtheit verschafft Veit zeitweiliges Gefühl von Leichtigkeit

Veit beschreibt einen Tag, den er mit Margot zunächst im Bett und danach bei der Arbeit im Gewächshaus verbringt. Das Verliebtsein vermittelt ihm ein Gefühl von Leichtigkeit und lässt ihn den Krieg zeitweilig vergessen: „Zwei, die für einige Zeit ihre Ruhe gefunden hatten, eine Ruhe, die nicht, wie so oft, mit Verlassenheit zu tun hatte, sondern mit Geborgenheit" (S. 205). Es wird bekannt, dass der Brasilianer für sechs Monate im Gefängnis bleiben muss. Veit lernt den Ehemann der Quartierfrau, den Lackierermeister Max Dohm kennen, der seinen Urlaub zu Hause verbringt, die übrige Zeit aber im Generalgouvernement in Polen seinen Dienst versieht.

Als Lilo vom Tisch fällt, erleidet Veit wieder eine Panikattacke, der bevorstehende Termin beim Arzt, der über seine Verwendungsfähigkeit entscheiden soll, beunruhigt ihn zusätzlich.

Dohm erschießt den Hund des Brasilianers

In der Zwischenzeit hat man auch in Mondsee das Verhältnis zwischen Veit und Margot bemerkt, der Onkel teilt ihm seine Missbilligung mit und wünscht, dass er baldmöglichst wieder an die Front zurückkehren solle. Am Tag vor der Nachmusterung erschießt Dohm den Hund des Brasilianers. Als Veit protestiert, schüchtert er ihn ein.

(16) In der Früh packte ich (S. 216–229)

Veit fährt nach Wien zur ärztlichen Kontrolle

Veit fährt von Mondsee nach Wien zur Nachmusterung. Vor dem Arztbesuch geht er zu seinen Eltern. Er ist sehr nervös, da er fürchtet, wieder als tauglich eingestuft und an die Front geschickt zu werden. Der Arzt stuft ihn tatsächlich als „feldtauglich" (S. 220) ein, Veit protestiert und verlangt, dass man der Ursache für die Kopfschmerzen auf den Grund gehe. In die Erzählung seines Arztbesuchs sind Erinnerung an die an Tuberkulose erkrankte Schwester Hilde montiert; Veit hatte sie am Tag vor ihrem Tod besucht, die Begegnung mit der todkranken Frau hatte ihn unsicher gemacht, ihre Berührung war ihm unangenehm.

Veit erreicht eine erneute Zurückstellung vom Dienst

Auch ein zweiter Arzt sieht zunächst keinen medizinischen Grund für eine weitere Krankschreibung. Veit führt aus, dass er bereits fast sechs Jahre im Krieg sei und nun endlich Zeit für ein Studium haben möchte, er ertrage das Soldatenleben nicht mehr. Als Veit spontan einräumt, dass es „beim Preußen" (S. 226) so langweilig sei, muss der Arzt lachen. Er attestiert ihm Kopfschmerzen mit Sehstörungen und eine Suizidgefahr und schreibt ihn weiterhin krank mit der Auflage, sich alle zwei Monate einer Nachuntersuchung zu unterziehen. Eine Studienzulassung schließt er aber aus. Veit ist froh über die Zurückstellung, er fährt zurück nach Mondsee, wo ihn Margot erwartet.

(17) Ich bin noch immer ganz verwirrt (S. 230–244)

Kurt schreibt Nanni weiter Briefe von seinem Alltag im Krieg

Das Kapitel besteht aus Briefen, die Kurt an seine Cousine und Freundin Nanni schreibt. Er berichtet, dass er sich Sorgen um Nanni mache, seit sie davongelaufen ist und niemand weiß, wo sie ist. Er selbst könne nicht nach Mondsee kommen, da er zu einem Lehrgang für Flakhelfer abberufen sei. Die Beziehung zu Nanni belastet das Verhältnis zu seinen Eltern. Er schreibt über seine Ausbildung zum Falkhelfer, er ist zum Abhören von Fluggeräuschen eingeteilt, was er grundsätzlich als langweilig empfindet. Fliegerangriffe, bei denen Bomben ganz in der Nähe seiner Stellung niedergegangen sind, übersteht er mit viel Glück unbeschadet. Er bedauert es, dass es Amerikaner sind, die angreifen, da er vorgehabt hat, einmal nach Amerika zu fahren und dort eine Zeitlang zu leben.

Kurt erzählt von den schwierigen Lebensbedingungen in der Flak-Stellung, insbesondere viele Mäuse, die sich sogar in Gasmasken verstecken, beeinträchtigen das Leben. Auch Nannis Mutter vermisst ihre Tochter und macht sich große Sorgen um sie. Seit Kurt einmal das für Nanni bestimmte Klopfzeichen abgegeben hat, worauf ihm die in Nannis Bett liegende Mutter geantwortet hat, verstehen sie sich besser und trösten sich gegenseitig.

Nanni ist bereits drei Monate verschwunden

Auch drei Monate nach ihrem Verschwinden hofft Kurt, dass Nanni noch am Leben ist, während Nannis Mutter bereits die

Befürchtung äußert, sie könne womöglich tot sein. Er beendet den Brief mit der Nachricht, dass ihm infolge der „totalen Mobilmachung" das letzte Schuljahr erlassen worden sei, damit er nach Schulende direkt in den Krieg ziehen kann.

(18) Der Abschied von Wien (S. 245–263)

Oskar Meyer berichtet über den Alltag in Budapest

Das Kapitel besteht aus Briefen, die Oskar Meyer zwischen 1941 und 1944 an seinen Cousine Jeannette schreibt. Ende Dezember 1941 erreicht er mit seiner Frau und seinem Sohn die ungarische Stadt Budapest, wo sie zwar sehr gedrängt wohnen, ihnen aber die Freiheit, die sie im öffentlichen Leben genießen, zusagt. Sie beschaffen sich neue Papiere, Meyer verdient Geld mit verschiedenen Tätigkeiten, sie lernen Ungarisch und entwickeln allmählich eine optimistische Zukunftsperspektive.

Meyer lehnt nach Einmarsch der Wehrmacht eine erneute Flucht ab

Als im März 1944 die Wehrmacht in Budapest einmarschiert, befürchtet Meyer, dass sie erneut einem Verfolgungsdruck ausgesetzt sein werden und dass es ein Fehler gewesen sein könnte, in Budapest geblieben zu sein. Von einem Polen erhält Meyer den Rat, schnell zu fliehen, solange er noch die Gelegenheit dazu hat; der Pole erzählt von Konzentrationslagern, in denen die Menschen, die nicht arbeiten können, durch Gas getötet werden. Meyer weigert sich, das zu glauben. Die Situation der Familie wird nach dem Einmarsch immer schwieriger, Meyer findet keine Arbeit mehr, die Familie hat kaum etwas zum Essen, die Mietzahlungen aufzubringen, wird eine immer größere Herausforderung. Die ganze Familie hofft auf ein schnelles Ende des Krieges.

Meyers Familie verschwindet

Am 16. Juli 1944 kommen Meyers Frau Wally und ihr Sohn Georg nicht aus der Sonntagsschule zurück, Nachfragen ergeben, dass sie dort nie angekommen sind. Oskar Meyer schildert seine Verzweiflung, nachdem er realisieren muss, dass beide verschwunden sind.

Aus dem Brief an seine Cousine ist zu entnehmen, dass er davon ausgeht, dass seine Frau mit dem Sohn weggefahren sei.[8]

(19) Wie ich in der Lebenszeichenkarte (S. 264–278)

Margots Mutter berichtet über die Bombenangriffe auf Darmstadt

Das Kapitel besteht aus Briefen, die Margots Mutter aus Darmstadt schreibt. Zunächst berichtet sie, dass die Stadt fast völlig durch Bombenangriffe zerstört wurde, historisch betrachtet handelt es sich dabei um die sogenannte „Brandnacht" vom 11./12. September 1944, in der britische Bomber durch eine Kombination aus Spreng- und Brandbomben einen Feuersturm auslösten, der nicht nur fast die gesamte Stadt zerstörte, sondern auch mehr als 10 % der Einwohner tötete. Sie erzählt vom Leben in der ausgebombten Stadt, von den Problemen bei der Lebensmittelversorgung und von permanenten weiteren Angriffen. Dennoch hofft sie auf ein für Deutschland gutes Ende des Krieges, da sie die Konsequenzen einer Niederlage fürchtet. Sie entschuldigt sich, dass sie nicht alle Wünsche der Tochter erfüllen kann, Waschpulver beispielsweise sei gar nicht mehr verfügbar, dass Margot ihre Seidenstrümpfe haben wolle, könne sie nicht verstehen. Auch ihre Tochter Bettine, die in Berlin lebt, äußere unerfüllbare Wünsche, z. B. nach dem Sonntagsmantel, den man aber auch Sicherheitsgründen kaum nach Berlin schicken könne. In den Briefen wird die Notlage der Menschen in der Endphase des Zweiten Weltkrieges offenkundig.

(20) In der zweiten Juliwoche (S. 279–292)

Die Beziehung zwischen Margot und Veit wird öffentlich

In der zweiten Juli-Hälfte im Jahre 1944 werden die Mädchen der „Kinderlandverschickung" zum Urlaub nach Hause geschickt. Das Attentat auf Adolf Hitler kommentiert Veit resignierend, dass selbst

8 Der Erzähler erklärt in den Nachbemerkungen, dass beide 1944 in Auschwitz ermordet worden seien (vgl. S. 479).

der Mordversuch kein Umdenken bewirkt habe und der Krieg nur verbissener weitergeführt werde. Die Liebesbeziehung zwischen Veit und Margot wird öffentlich bekannt und verurteilt; treten beide im Dorf auf, werden sie verspottet, daher meiden sie die Öffentlichkeit. Auf einem Spaziergang kommen sie einmal an einem toten Reh vorbei, ein danebenstehender, verletzter Rehbock wird später erschossen.

Die Gärtnerei füllt ihren Alltag

In der Hitze wachsen Obst und Gemüse gut, sie sind mit dem Ernten von Tomaten und Zwetschgen beschäftigt. Der Aufenthalt von Veit wird als „Drückebergerei" kritisiert. Als Margot an einem Tag schon sehr früh zum Heidelbeersammeln in den Wald fährt, lässt sie Lilo bei Veit; als sich ihre Rückkehr verzögert, befürchtet Veit, es könne ihr etwas zugestoßen sein – er erleidet eine weitere Panikattacke, die er mit Pervitin bekämpft. Veit genießt die Zeit mit Margot und dem Kind, weil sie ihn an ein normales Leben ohne Krieg erinnert: „Neben Margot hatte ich die Hoffnung, ein normaler Mensch zu werden, ein Mensch wie andere normale Menschen" (S. 281).

Margot fürchtet um ihre Familie in Darmstadt

Anfang August kehren die Mädchen in das Lager Schwarzindien zurück, am 1. September jährt sich der Kriegsbeginn zum sechsten Male, Veit bezeichnet sie als „tausendachthundert lausige Tage" (S. 288). Die Nachricht von der Zerstörung Darmstadts trifft Margot besonders hart, da sie befürchten muss, dass auch ihre Verwandten umgekommen sind. Veit kommentiert die Zerstörung mit Sarkasmus: „Ja, so ist es, wenn man gegen den Wind spuckt" (S. 292).

(21) Aus dem Misthaufen stieg Rauch auf (S. 293–303)

Rückkehr des Brasilianers

Der Brasilianer kehrt nach dem Verbüßen seiner Haftstrafe in einem geschwächten Zustand nach Mondsee zurück. Er berichtet von den harten Haftbedingungen, als „Lehre" formuliert er den Satz: „Jeder halbwegs nüchterne Mensch muss ein politisches System mit den

Augen der Toten betrachten" (S. 295 f.). Seinen Wunsch, nach Brasilien zurückzukehren, artikuliert er häufig, Veit reiht einige Zitate des Brasilianers aneinander, in der dieser sein Fernweh ausdrückt und seine Ablehnung der deutschen Gesellschaft.

Das Zusammensein mit Margot erfüllt Veit mit Glück, dennoch ahnt er, dass sich die „Empfindung von Trostlosigkeit" (S. 302) bald wieder einstellen könnte; da die Wiedervorstellung beim Arzt bereits seit sechs Wochen fällig gewesen ist.

(22) Den Onkel traf ich im Freien (S. 304–317)

Gespräch zwischen Veit und seinem Onkel

Das Kapitel setzt mit der Schilderung eines Besuchs beim Ortsvorsteher ein. Der Onkel führt aus, dass er viel Arbeit habe, dass man aber wissen müsse, dass sich viele Anfragen am Ende von selbst erledigten. Veit bemerkt den schlechten Gesundheitszustand des Onkels, der entgegen des ärztlichen Rates weiter raucht, da er Zigaretten zur Erfüllung seines Dienstes brauche. Außerdem tritt seine pessimistische Haltung im Hinblick auf den Zusammenhalt der „Volksgemeinschaft" (S. 306) zutage, die er anlässlich eines illegal geöffneten Päckchens formuliert; der Onkel befürchtet, dass das Deutsche Reich den Krieg verlieren könnte. Er berichtet zudem von seinen Erfahrungen im Ersten Weltkrieg und den lebensgefährlichen Situationen, in denen er sich befunden habe; er räumt ein, dass er wie Veit auch nach dem Krieg immer wieder Panikattacken gehabt habe.

Veit entwendet Papiere, um nicht wieder in den Krieg ziehen zu müssen

Am nächsten Tag übergibt die Quartierfrau Veit ein Flugblatt, mit dem über die neuen Einberufungen informiert wird. Sie hält Veit für einen „Drückeberger", der sich mit dem Argument zur Wehr setzt, dass sie selbst einmal drei Wochen an die Front gehen solle, um zu erleben, was es heißt, im Krieg zu sein. Wenige Tage nach dem ersten alliierten Bombenangriff auf Salzburg fährt Veit nach Vöcklabruck, um sich medizinisch begutachten zu lassen. In einer verlassenen Schreibstube der Kaserne entwendet Veit Papier, das er zuvor stempelt und das er für gefälschte ärztliche Gutachten verwenden will. Er begründet diese lebensgefährliche Handlung damit, dass er „mit dem ganzen Scheiß" (S. 313) nichts mehr zu tun haben wolle; er wolle sein „kleines Privatleben führen, wie es in einer besseren Welt selbstverständlich wäre" (S. 313). Beim Anblick der zahlreichen Kinderwagen in der Stadt bedauert es Veit, nicht auch schwanger werden zu können, um sich auf diese Weise ins Private zurückzuziehen: „Wenn diese Möglichkeit für Männer bestünde, wär's an der Front in kürzester Zeit wie leergefegt" (S. 314). Am Ende des Kapitels bringt der Onkel die Nachricht, dass man die Leiche von Nanni Schaller in der Drachenwand gefunden habe.

(23) Die Leiche des Mädchens Annemarie Schaller (S. 318–329)

Nanni wird tot aufgefunden und beerdigt

Das Kapitel beginnt mit dem Polizeibericht über das Auffinden des Leichnams von Annemarie Schaller. Als Todesursache wird ein Sturz aus großer Höhe vermutet. Veit erinnert sich an die letzte Begegnung mit dem Mädchen, in deren Verlauf er ihre Bitte abgeschlagen hat, sich wegen der Beziehung mit Kurt befürwortend an Annemaries Mutter zu wenden. Die meisten Einwohner des Dorfes sind bestürzt, als sie vom Tod des Mädchens erfahren. Veit besucht zusammen mit Margot die katholische Begräbniszeremonie und denkt kritisch über den Trost des Pfarrers nach, dass der Tod eine Erlösung darstellen solle. Die Begegnung mit dem Tod veranlasst Veit dazu, über die Sinnlosigkeit des Krieges nachzudenken: „Und ich dachte an die Schönheit des Lebens und an die Sinnlosigkeit des Krieges. Denn was war der Krieg anderes als ein leerer Raum, in den schönes Leben hineinverschwand?" (S. 327). Auf dem Rückweg von der Beerdigung kehren Margot und Veit zusammen mit dem Brasilianer in einem Gasthaus ein; der Brasilianer ist sehr unruhig, da es ihm schwerfällt, keinen Kommentar zu den Gesprächen der Wirtshausbesucher abzugeben. Schließlich verlässt er vorzeitig das Lokal, um zu verhindern, erneut ausfällig zu werden.

(24) Es ist immer noch hell genug zum Schreiben (S. 330–340)

Max Dohm kommt für einige Tage nach Mondsee

Das Kapitel beginnt mit einem Tagebucheintrag: Veit notiert, dass Lilo ihre ersten selbstständigen Schritte getan hat, was zu großer Freude bei allen Hausbewohnern führt. Der Erzähler zitiert aus einem Brief von Margots Ehemann, der nach wie vor an der Ostfront steht, Geld für Margot und Lilo schickt und sich Sorgen über ihre eheliche Treue macht. Während Margots Ehemann seit einem Jahr keinen Urlaub erhält, kommt Dohm, der Ehemann der Vermieterin, vorgeblich aus dienstlichen Gründen nach Hause zurück. Nach Veits Schilderung handelt es sich bei ihm um einen überzeugten Nationalsozialisten und Verehrer von Adolf Hitler. Dohm hat im Keller ein Vorratslager angelegt, was nach Veits Deutung darauf hinweist, dass er „nicht auf bessere Zeiten wettete" (S. 333).

Dohm und der Brasilianer geraten in ernsten Streit

Dohm gerät mit seinem Schwager, dem Brasilianer, immer wieder in Streit. Der Brasilianer ist mit seinen Gedanken häufig abwesend, Veit beobachtet außerdem, dass sein Antrieb nachlässt. Beim nächsten Streit mit Dohm, Anfang November 1944, macht der Brasilianer keinen Hehl daraus, dass er lieber in Brasilien als in Deutschland leben möchte, weil er nicht unter Menschen leben wolle, die glauben, „von Haus aus was Besseres" (S. 337) zu sein. Sie tauschen Beleidigungen aus, doch als der Brasilianer vom Tod Adolf Hitlers, der dann auch der Tod des Schwagers sein solle, und vom Teufel, der ihn holen solle, spricht, ist die Grenze zur Strafbarkeit überschritten. Dohm bedroht ihn zunächst mit einer Pistole, lässt dann aber ab und verlässt den Schauplatz.

Der Brasilianer flieht

Dem Brasilianer ist klar, dass er unverzüglich fliehen muss, wenn er nicht erneut ins Gefängnis gesteckt werden will. Mit den Worten, dass es besser sei, frei als Einzelner zu sterben als ein Sklavendasein zu führen, verlässt er das Haus.

(25) Ich schaute mich in den Zimmern um (S. 341–355)

Neuangekommene Flüchtlinge übernehmen die Gärtnerei

Veit bringt die Zigarrenkisten des Brasilianers in Sicherheit, er versteckt sie in einem Koffer Margots, aus dem Margot eine Pistole holt, die sie Veit überlässt. Der Anblick der Pistole beruhigt ihn. Der Mann der Quartierfrau verabschiedet sich von Veit und bittet ihn um Verständnis für seine kranke Frau. In Mondsee kommen unterdessen viele neue Flüchtlinge an, einige Flüchtlinge werden in der Gärtnerei untergebracht, sie sollen auch den Gärtnerbetrieb übernehmen. In einem Gespräch mit dem Onkel macht dieser Veit klar, dass der Krieg auch sein Krieg ist, dem er viele Jahre seines Lebens geopfert habe und der ihn sein ganzes weiteres Leben begleiten werde.

Das Mädchenlager Schwarzindien wird aufgelöst

Am Vorabend des „Gedenktags für die Gefallenen“, am 9. 11. 1944, stellt Veit von sich aus die Fahnenstange auf, um der Quartierfrau einen Gefallen zu tun; am Feiertag wandert er in das Lager Schwarzindien, weil er im Auftrag des Ortsvorstehers der Lagerlehrerin Bildstein ein Päckchen mit persönlichen Gegenständen von Nanni Schaller überbringen soll. Die Lehrerin erzählt ihm, dass das Lager aufgelöst werde, da es Kritik an ihrer Leitung gegeben habe.

(26) Bald ein ganzes Jahr (S. 356–369)

Veit erfährt von der bevorstehenden Verhaftung des Brasilianers

Rund ein Jahr nach seiner Verwundung erhält Veit einen Brief, in dem er aufgefordert wird, sich in der Breitenseer Kaserne einzufinden. Er beantragt beim Ortvorsteher eine Fahrerlaubnis nach Wien, dabei lässt dieser ihn wissen, dass er in kurzer Zeit eine Verhaftung durchführen werde, später wird Veit klar, dass sein Onkel Johann vorhabe, den Brasilianer zu verhaften. Veit besorgt sich eine Waffe und läuft zum Gasthaus Schwarzindien, aus dem die Mädchen am Nachmittag ausgezogen waren.

Veit tötet seinen Onkel

Vor dem Gasthaus steht das Motorrad des Onkels. Veit sieht, wie der Amtshelfer herauskommt und mit dem Motorrad wegfährt, er folgt dem Onkel ins Haus. In der Gaststube trifft er auf den Brasilianer; als der Onkel Veit bemerkt, fordert er ihn auf, wieder nach Hause zu gehen und sich nicht als Retter des Brasilianers aufspielen zu wollen. Der Satz: „Es ist schon genug Unheil angerichtet" (S. 365) führt Veit die ethisch-moralische Verwerflichkeit des Onkels vor Augen, der nie Mitleid gehabt habe. Veit erschießt ihn in der Gewissheit, dass es eine gute Handlung sei, auch wenn sie sich nicht so anfühle. Gemeinsam mit dem Brasilianer trägt Veit die Leiche des Onkels hinaus und versteckt sie.

Nachdem der Brasilianer gegangen ist, nimmt Veit innerlich Abschied sowohl von seinem Onkel als auch von dem Lager Schwarzindien und seinen Bewohnerinnen. Er geht in sein Zimmer zurück, in der Nacht deckt er sich zum ersten Mal wieder mit dem Militärmantel zu, die Pistole nimmt er mit in sein Bett. Er träumt von zwei Kriegskameraden, die zusammen mit ihm im LKW gefahren sind.

(27) Es sind vom Eichbaumeck (S. 370–383)

Margots Mutter schildert den Alltag im zerbombten Darmstadt

Margots Mutter berichtet in ihrem Brief von den schwierigen Lebensbedingungen im Herbst und Frühwinter 1944. Darmstadt liegt in Trümmern, die Menschen sind damit beschäftigt, das Lebensnotwendige zu beschaffen. Sie schreibt von einem Frontheimkehrer, der sich das Leben nimmt, nachdem er erfahren hat, dass seine Familie bei einem Luftangriff ums Leben gekommen ist. Sie erwähnt auch, dass Margots Vater seine Ansichten geändert habe, nachdem er wieder eingezogen worden ist; dass Deutschland den Krieg verlieren könnte, ist nun auch in seiner Vorstellung präsent.

Er sei sehr verärgert darüber, weil man ihm nach seiner Versetzung nach Pommern kriegsbedingt die sorgfältig gepflegten Stiefel abgenommen und durch ein Paar Schnürschuhe ersetzt habe. Trotz der kontinuierlichen Zerstörung der Infrastruktur funktioniert das Postwesen noch, sodass sie auf Margots Schilderung der Ereignisse in Mondsee (Tod von Annemarie Schaller) antworten kann. In einem der Briefe hat Margot ihrer Mutter gestanden, dass sie ihren Ehemann nicht liebe; dennoch rät die Mutter ihr, an der Ehe festzuhalten und sich nicht mit einem anderen Mann einzulassen. Gleichzeitig gesteht sie ihr zu, dass sie es so halten könne, wie sie es für richtig halte.

(28) Die Sache ging sehr rasch (S. 384–398)

Kurt erfährt vom Tod Nannis

Kurt wird in den „Volkssturm" einberufen und beschreibt seine letzten Tage in seinem Elternhaus, bevor er das Zimmer in der Kaserne in Hainburg beziehen muss. Aus seinem Brief an den Freund Ferdl wird deutlich, dass er zu Beginn des Kapitels noch nicht vom Tod Annemaries erfahren hat. Er schildert die ersten Tage in der Kaserne, in denen die Rekruten eine harte militärische Grundausbildung durchlaufen. Als er vom Tod seiner Freundin erfährt, drückt er seine Fassungslosigkeit und seine Trauer aus, es ist ihm „alles so egal wie nie" (S. 392). er berichtet auch von der Begegnung mit einem Soldaten aus Mondsee – es ist augenscheinlich Veit –, der ihm die Briefe an Annemarie zurückgibt.

Er erahnt seinen eigenen Tod

Kurt schickt seinen überschüssigen Sold nach Hause zur Vorbereitung der „*Siegesfeier*" (S. 393). Kurz vor seiner Versetzung nach Schlesien äußert er den Gedanken, dass er bei dem Einsatz ums Leben kommen könnte, daher verrät er Ferdl, wo er seine Wertsachen versteckt hat. Kurt berichtet von harten Kämpfen an der Ostfront und vom schnellen Vorrücken der Roten Armee. Tod, Verwundung und Vertreibung nimmt er als Kriegsfolgen wahr, mit seine letzten Zeilen drückt er mit einem Sprichwort seines Vaters aus, dass derjenige, der Krieg sucht, sich nicht wundern dürfe, wenn er ihm begegne: „Wer auf die Jagd nach einem Tiger geht, muss damit rechnen, auf einen Tiger zu treffen" (S. 398).

(29) Deutsche Einheiten auf dem Rückzug (S. 399–418)

Oskar Meyer meldet sich zum Arbeitseinsatz, um aus Budapest wegzukommen

Oskar Meyer befindet sich nach wie vor in Budapest und berichtet im Herbst 1944 davon, dass die deutschen Truppen sich auf dem Rückzug und der Flucht vor der heranrückenden Roten Armee befänden. Die Situation für Juden ist äußerst gefährlich, Übergriffe auf Juden werden nicht geahndet, viel werden willkürlich getötet. Die Lebensumstände sind dürftig, Meyer muss sich überwiegend durch Betteln ernähren. Er klagt darüber, keine Nachricht von seiner Frau und seinem Sohn bekommen zu haben, und er macht sich Vorwürfe, dass er das Angebot, in Akkra zu arbeiten, im Jahre 1940 ausgeschlagen hat, und dass er seine Familie nicht hat beschützen können. Als er zusehen muss, wie ein junger Jude zu Tode geprügelt wird, ohne dass ein Passant eingreift, wird ihm die Rechtlosigkeit seiner eigenen Situation eindringlich bewusst und er bereut es, nach Budapest geflohen zu sein. Er meldet sich freiwillig zu einem Arbeitseinsatz, da er hofft, damit der gefährlichen Situation zu entkommen. In Viehwagons und zu Fuß auf dem Landweg werden die Arbeitswilligen nach Österreich gebracht, diejenigen, die nicht mehr laufen können, werden erschossen. Kurz bevor die Gruppe in Hainburg ankommt, träumt er von seiner Frau Wally und entschuldigt sich dafür, dass er sie nicht hat beschützen können.

(30) So tauchte ich wieder in den Winter ein (S. 419–426)

Veit erinnert sich, dass nun fast ein Jahr seit dem ersten Eintrag in sein Tagebuch vergangen ist. Im Unterschied zu damals habe er nun das Gefühl, ein eigenes Leben zu besitzen. Der erste Geburtstag von Lilo wird mit Geschenken gefeiert.

Der Mord am Ortsvorsteher wird dem Brasilianer angelastet. Da die Tat auf Veits Gewissen lastet, ist er froh über seine Beorderung nach Wien, wo er die Gesundschreibung erwartet. Beim Abschied von Margot versichern sich beide, dass sie nach seiner Rückkehr weiterhin eine Familie sein wollen. Auf der Reise nach Wien im überfüllten Zug denkt Veit an den hohen persönlichen Preis, den er für das Militär bereits hat zahlen müssen.

Der Mord am Onkel wird dem Brasilianer angelastet, der verschwunden ist

(31) Der Westbahnhof war dick verqualmt (S. 427–442)

Veit verbringt die Nacht vor der Untersuchung in der Wohnung der Eltern, die von ihm weitere Informationen über den Tod des Onkels wünschen, die er nicht geben möchte. Tags darauf besucht er das Grab seiner Schwester Hilde, die im Jahre 1936 verstorben ist. Er erinnert sich an die Nacht, in der seine Schwester, die offenbar schon jahrelang lungenkrank gewesen war, unter Schmerzen verstorben ist. Ihr Tod veranlasst den jungen Veit dazu, die Frage nach dem Lebenssinn zu stellen. Die Auseinandersetzung mit seinem Vater besteht nach wie vor: Während der Vater ideologisch hinter dem Regime und dem angezettelten Krieg steht, weist Veit auf die Inhumanität der Kriegssituation hin; Veit trennt sich im Zorn von seinem Vater. Dabei fällt ihm ein, dass er während seiner eigenen Erziehung von ihm stets nur Negatives über seine eigenen Leistungen zu hören bekommen hat. „Standhaftigkeit" und „Konsequenz" (S. 437) sind die pädagogischen Leitlinien der väterlichen Erziehung, deren negative Seiten Veits Kindheit und Jugend bestimmt haben.

Veit reist nach Wien und wird gesundgeschrieben

Alle Versuche, den Militärarzt davon zu überzeugen, dass er aus gesundheitlichen Gründen nicht verwendungsfähig sei, schlagen fehl; der Arzt nimmt zwar das Bestechungsgeld, das Veit von

Margot erhalten hat, schreibt ihn am Ende aber doch kriegsverwendungsfähig. Veit ist angesichts dieser Entscheidung entrüstet. Da er angibt, ein uneheliches Kind in Mondsee zu haben, erhält er zwei Tage Aufschub, bevor er zu seiner Einheit zurückfahren muss, die in Insterburg/Ostpreußen steht.

(32) Seit es mit Margot (S. 443–456)

Veit übergibt Kurt dessen Briefe an Nanni

Veit beschließt, Kurt Ritler zu besuchen und ihm seine an Annemarie gerichteten Briefe zurückzugeben. Auf der Fahrt nach Hainburg kommt er an Orten vorbei, an denen in der Vergangenheit – zur Zeit der römischen Herrschaft und der Türkenkriege – blutige Schlachten ausgefochten worden sind. Er denkt daran, dass es der Sage nach in Hainburg gewesen ist, wo die Nibelungen ihre letzte Rast vor dem blutigen Untergang auf der Etzelburg gemacht haben. An der Kaserne angekommen, muss er auf Kurt warten; als dieser erscheint, stellt er sich vor und übergibt ihm die Briefe. In dem kurzen Gespräch mit Kurt erinnern sich beide an Begegnungen mit der verstorbenen Annemarie. Sie sprechen auch über den bevorstehenden Fronteinsatz; während Veit anmerkt, dass der Krieg wohl nicht gewonnen werden kann und dass es das Wichtigste sei, dass man ihn überlebt, versichert Kurt, dass er bereit ist, für das Vaterland in den Tod zu gehen.

Veit sieht in einer Gruppe von Zwangsarbeitern Oskar Meyer

Auf dem Rückweg begegnet Veit einem langen Flüchtlingszug. Dass immer noch Menschen Schützengräben bauen, ohne dass sie im Falle eines Angriffs einen nennenswerten Widerstand bieten könnten, ist für Veit ein Zeichen des „Irrsinns“ (S. 450). Unter den Zwangsarbeitern, die mühevoll die Gräben ausheben, fällt Veit ein Mann auf, der ein buntes Halstuch trägt – offenkundig ist es Oskar Meyer, sein Name wird nicht genannt.

Veit erinnert sich daran, dass er an der Front immer wieder von Erschießungen gehört habe; er fragt sich ergebnislos, was er tun würde, wenn er zu einem solchen Erschießungskommando eingeteilt werden würde.

(33) Ich saß auf dem Fensterbrett (S. 457–473)

Veit verbringt die letzten Tage vor seiner Abreise zusammen mit Margot und Lilo in Mondsee. Sie vereinbaren, wie sie nach Kriegsende wieder in Kontakt treten können. Margot bittet ihn, vorsichtig zu sein und allmählich auch auf die Tabletten zu verzichten, indem er andere Formen der Traumabewältigung findet. Veit spürt, dass der Krieg bald zu Ende sein wird. Nach einem erneuten heftigen Streit mit der Quartierfrau suchen Veit und Margot eine neue Unterkunft: Bei einem Metzger im Dorf findet Margot sowohl eine Bleibe als auch eine Tätigkeit als Gehilfin. Sie verbringen ihren letzten Abend vor seiner Abreise in dem neuen Zimmer. Veit ist sich am Ende des Kapitels sicher, dass er den Krieg überleben wird.

Margot findet neue Unterkunft und eine Tätigkeit im Dorf

(34) Wir warteten auf das Milchauto (S. 474–476)

Am folgenden Tag verabschieden sich beide voneinander. Während der Fahrt denkt Veit an die Möglichkeit, zu desertieren und sich irgendwo bis Kriegsende zu verstecken. Er blickt zurück auf die Drachenwand und ist sich gewiss, dass sowohl der Krieg als auch der Aufenthalt in Mondsee ihn zeitlebens beschäftigen werden.

Veit verabschiedet sich von Margot

(35) Nachbemerkungen (S. 477–480)

In den Nachbemerkungen kommt ein bislang noch nicht explizit zu Tage getretener Erzähler zu Wort, der sein Wissen über das Lebensschicksal der wichtigsten Romanfiguren mitteilt: Veit desertiert im April 1945, kehrt nach Mondsee zurück; später heiraten er und Margot, er studiert Elektrotechnik, sie bekommen zwei Kinder und verbringen ihr Leben miteinander. Der Brasilianer wandert 1948 nach Brasilien aus, die Quartierfrau stirbt bereits 1953 an Syphilis.

Bericht über Schicksale der Figuren

Die Mädchen des Lagers Schwarzindien kehren nach und nach wieder nach Wien zurück, Margarete Bildstein, die Lehrerin, arbeitet nach dem Krieg weiterhin als Pädagogin und stirbt unverheiratet und kinderlos in hohem Alter. Kurt Ritler wird noch Ende April 1945 bei einem Angriff tödlich verletzt. Oskar Meyer wird im März 1945 während eines Transports in ein Konzentrationslager ermordet.

3.3 Aufbau

ZUSAMMEN-FASSUNG

Die Erzählgegenwart des Romans umfasst den Zeitraum von der Verwundung Veits im November 1943 bis zu seiner Rückkehr zu seiner Truppe im Dezember 1944, zahlreiche Rückblicke und Perspektivenwechsel erweitern den Zeitraum der erzählten Zeit. Geografisch ist die Handlung Veits im Wesentlichen in der Marktgemeinde Mondsee im Salzkammergut angesiedelt, durch den Perspektivwechsel kommen Darmstadt, Wien, Hainburg und Budapest hinzu.

Unter der Drachenwand spielt überwiegend in der Marktgemeinde Mondsee im österreichischen Salzkammergut. Die erzählte Zeit umfasst schwerpunktmäßig den **Zeitraum zwischen November 1943** (Verwundung Veits) **und Dezember 1944** (Rückkehr Veits zu seiner Einheit).

Die narrative Handlungsstruktur des Romans

Fünf Erzählinstanzen

Die **Tagebucheinträge Veits** setzen mit dem Moment seiner Verwundung ein und enden auf der Rückfahrt an die Ostfront. In den Erzähltext sind Texte von drei weiteren Erzählinstanzen eingefügt, die allesamt ebenfalls in dem Zeitraum angesiedelt sind:

→ die **Briefe von Margots Mutter** an ihre Tochter aus Darmstadt,
→ die **Briefe von Kurt** an seine Freundin Annemarie und an seinen Freund Ferdl aus Wien sowie
→ die **Tagebucheinträge von Oskar Meyer**, der aus Wien nach Budapest flieht und dann nach Hainburg zum Arbeitsdienst gebracht wird.

ERZÄHLERINSTANZEN

Kapitel	Veit Kolbe	Margots Mutter	Kurt Ritler	Oskar Meyer	unbekannter Erzähler
1–6	**Dez. 1943 bis 26. Feb. 1944** Front/Wien/ Mondsee				
7		**Frühjahr / vor Ostern 1944** Darmstadt			
8			**Frühjahr / vor Ostern 1944** Wien		
9				**1939–1941** Wien	
10–16	**März–Mai 1944** Mondsee				
17			**April–Juni 1944** Wien		
18				**1941–1944** Budapest	
19		**Sept. 1944** Darmstadt			
20–26	**Juli–Nov. 1944** Mondsee/ Vöcklabruck/Wien				
27		**Spätherbst/ Frühwinter 1944** Darmstadt			
28			**Juli–Dez. 1944** Hainburg		
29				**Herbst 1944** Budapest	
30–34	**Dez. 1944** Mondsee/Wien/ Hainburg				
35					**Dez. 1944 bis Gegenwart**

Die Handlungen der einzelnen Erzählstränge werden durch eine fünfte externe Erzählinstanz am Ende in ihren weiteren Verläufen beschrieben.

Verbindungen zwischen den Handlungssträngen

Die Übersicht links gibt die Abfolge der einzelnen Handlungsstränge an, die sich nach ihren Erzählinstanzen und der erzählten Zeit anordnen lassen. Es existieren Verbindungen zwischen den Handlungssträngen: **Veit** lernt Annemarie Schaller in Mondsee kennen, nach deren Tod möchte er **Kurt** die von ihm verfassten Briefe zurückgeben und besucht ihn daher in einer Kaserne bei Hainburg. Auf dem Rückweg fällt ihm in einer Gruppe von Zwangsarbeitern ein Mann mit einem bunten Halstuch auf, bei dem es sich um **Oskar** Meyer handelt.

3.4 Personenkonstellation und Charakteristiken

ZUSAMMEN-
FASSUNG

Die Hauptpersonen sind

Veit Kolbe:

→ 23 Jahre alt, seit seinem Abitur 1939 als Soldat im Krieg, wird verwundet und kommt zur Erholung nach Mondsee
→ kriegsmüde, kritisch gegenüber der politischen Führung, posttraumatisches Belastungssyndrom
→ beginnt Liebesbeziehung mit der verheirateten Margot
→ tötet seinen Onkel Johann

„Die Darmstädterin" Margot:

→ verheiratet, Mann steht an der Ostfront
→ Zimmernachbarin von Veit
→ hat wenige Wochen alte Tochter Lilo
→ aufmerksam und fürsorglich, verliebt sich in Veit und will mit ihm eine Familie gründen

„Der Brasilianer" Robert Raimund Perttes:

→ Bruder der Vermieterin Trude Dohm, war nach Brasilien ausgewandert, kehrte aber wieder zurück nach Mondsee
→ setzt sich für ein naturverbundenes, freies Leben von Menschen ein und spart nicht mit Kritik an der Diktatur, wegen der er zu einer Gefängnisstrafe verurteilt wird und die am Ende das Leben des Ortsvorstehers kostet

Trude Dohm und ihr Ehemann Max Dohm:
→ Trude Dohm ist die Vermieterin von Veit und Margot
→ ihr Ehemann Max ist Lackierermeister, er arbeitet für die Regierung im Generalgouvernement
→ beide gehen konform mit den politischen Zielen der Diktatur, beide versuchen die Situation gewinnbringend zu nutzen

Margarete Bildstein:
→ Lehrerin der Wiener Mädchen im Lager Schwarzindien
→ streng, wirkt zuweilen überfordert
→ verhält sich gegenüber Veit reserviert, distanziert gegenüber Männern

Kurt Ritler und Annemarie Schaller:
→ Kurt ist 17 und Annemarie (Nanni) 13 Jahre alt, sie sind miteinander verwandt (Cousin und Cousine) und ineinander verliebt
→ beide schreiben sich adoleszenztypische Briefe, in denen sie ihre Zuneigung ausdrücken
→ Annemarie verunglückt tödlich in der Drachenwand, Kurt wird zum „Volkssturm“ eingezogen und fällt noch in den letzten Kriegstagen

Oskar Meyer (Sándor Milch, Andor Bakos):
→ ist jüdischen Glaubens, lebt mit Frau und zwei Kindern erst in Wien, dann in Budapest, einen Sohn kann er nach England in Sicherheit bringen, seine Frau und der zweite Sohn werden 1944 in Auschwitz ermordet

→ verpasst die Chance, sich und seine Familie zu retten
→ glaubt lange an einen guten Ausgang, hält die Familie durch seine Geschäftstüchtigkeit über Wasser
→ macht sich Vorwürfe, da er seine Familie nicht retten konnte
→ meldet sich zum Arbeitsdienst und kommt während eines Transports ums Leben

Onkel Johann:
→ als Postenkommandant von Mondsee hat er das ranghöchste Verwaltungsamt, er vertritt die staatliche Autorität
→ ist nikotinabhängig, sehnt sich nach einem ruhigen Leben ohne Anstrengung
→ verfolgt Gesetzesbrecher ohne Mitleid

Neben diesen Hauptpersonen treten die Eltern von Veit sowie die Mädchen aus dem Lager Schwarzindien als Nebenfiguren auf.

Personenkonstellation
Die Personenkonstellation lässt sich nicht nur nach den Beziehungsverhältnissen einteilen, sondern auch nach der Stellung zum Krieg bzw. zum herrschenden politischen System. Auf der **Seite der Gegner bzw. der Opfer von Krieg und Faschismus** stehen Veit Kolbe und Margot, der Brasilianer und Oskar Meyer mit seiner Familie. **Mitläufer bzw. Täter** sind der Onkel Johann sowie Trude Dohm und ihr Ehemann. Auch die Väter von Veit und Margot können zu-

PERSONENKONSTELLATION

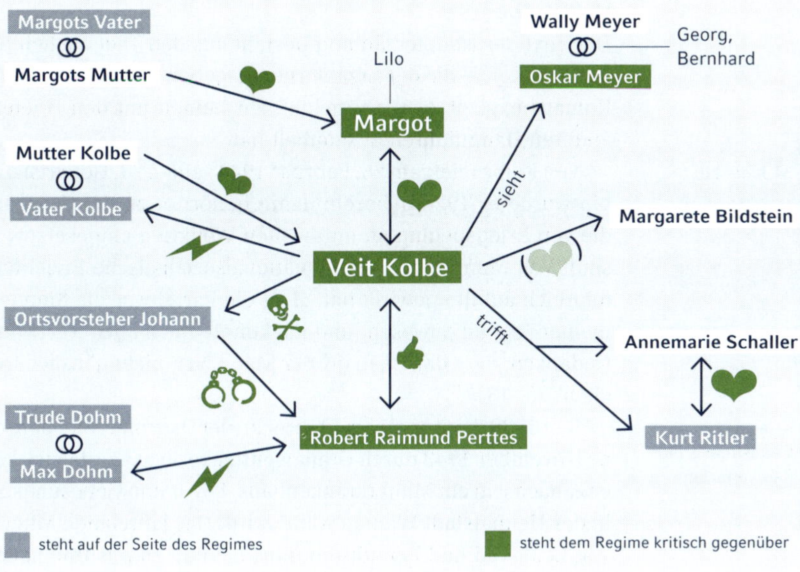

mindest als Mitläufer gerechnet werden, während sich die Mütter nie explizit für oder gegen das System aussprechen, sondern sich mit den Konsequenzen befassen müssen; die Schuldfrage stellen sie nicht. Kurt Ritler trauert um den Verlust von Annemarie, er wird zum „Volkssturm" eingezogen, ohne dass er daran denkt, dagegen Widerstand zu leisten.

Charakteristiken der Hauptfiguren

Veit Kolbe

Der Text der Haupterzählung besteht aus den Tagebucheinträgen von Veit Kolbe, die der Erzählerherausgeber, der sich am Ende des Romans explizit zu Wort meldet, zusammen mit den Briefen der anderen Hauptfiguren gesammelt hat.

24 Jahre alt

Veit Kolbe feiert am 26. Februar 1944 seinen 24. Geburtstag, mithin wurde er 1920 geboren; damit gehört er zu den Jahrgängen, die von Kriegsbeginn an im Zweiten Weltkrieg eingesetzt worden sind. Veit räumt ein, dass die nationalsozialistische Erziehung erfolgreich auf ihn gewirkt hat: „[…] die Partei war die Sinngebung meiner Jugend gewesen, und ich konnte mich auch jetzt von dem Gedanken, dass der F. ein großer Mann war, nicht gänzlich freimachen" (S. 135).

Kriegsverletzung, Genesungsurlaub, Panikattacken

Seit 1939 dient er als Kraftfahrer an der Ostfront. Nachdem er Ende November 1943 durch Granatsplitter verletzt worden ist, kommt er zunächst in ein Militärkrankenhaus, bevor ihm Genesungsurlaub in der Heimatstadt Wien gewährt wird. Das jahrelange Miterleben von Leid, Tod und Zerstörung führt bei ihm zu posttraumatischen Belastungsstörungen, die sich in massiven Panikattacken äußern, die er mit Pervitin behandelt. Seine Belastungsstörung zeigt sich z. B. in dem Umstand, dass selbst in schönen Momenten ein einziges Phänomen ausreicht, um die Erinnerung zu aktivieren:

> „Wir lauschten dem langen Abendgebet der Frösche, und ich dachte an das sogenannte Auskämmen der Wälder, qua-qua-qua. Und wenn man einen Partisanen oder eine Partisanin erschossen hatte, war es, als hätte man den Wind im Feld gefangen, von unserer Warte gesehen, die Wirkung blieb aus, es war alles total sinnlos, grauenhaft, unmenschlich." (S. 196)

Arno Geiger fasst den Zustand, in dem Veit Kolbe nach Mondsee kommt, in einem Interview mit Andrea Gerk treffend zusammen:

> „Veit Kolbe hat Abitur gemacht und dann seinen Militärdienst im letzten Friedensjahr geleistet, im Grunde ein eingefleischter Zivilist, und er kommt für die nächsten fünf Jahre aus dieser Uniform nicht mehr heraus. Er hätte studieren wollen, und er empfindet das als unglaubliche Beschädigung, dass man ihm diese Jahre genommen hat. Dann schleudert ihn der Krieg zur Seite, er ist mittelschwer verwundet, hält zu Hause die Phrasen seines Vaters nicht aus und verzieht sich zu einem Onkel an den Mondsee. Zu Beginn des Romans ist er wirklich schwer beschädigt, erschöpft, total ausgelaugt.“[9]

„Zu Beginn ist er wirklich schwer beschädigt, erschöpft, total ausgelaugt.“

Die Kriegserfahrung ändert auch seine Haltung zum Hitler-Regime und zum Krieg. Er äußert seine Kritik in seinem Tagebuch zuweilen recht klar, zuweilen benutzt er ironisch-umschreibende Ausdrücke, wie z. B. „Dienstgeber“ für „Wehrmacht“ (u. a. S. 171), den „Führer und Reichskanzler“ Adolf Hitler kürzt er stets mit „F.“ ab. Ironie ist das wichtigste Mittel zur Äußerung von Kritik: So schreibt er anlässlich der im „angeschlossenen“ Österreich stattfindenden Feiern anlässlich Hitlers Geburtstag: „Auch zu diesem Anlass musste die auf dem Mond befindliche Kolonie dem Mutterland huldigen“ (S. 170). Auch mit Sarkasmus kritisiert er, wenn er beispielsweise feststellt, dass sein Dienstgeber seit Stalingrad „mehrfach um ganze Armeen erleichtert worden“ (S. 192) ist oder wenn er bekräftigt, dass das Regime gewillt ist, eher das ganze Volk in den Untergang zu ziehen, als einen vernünftigen Waffenstillstand abzuschließen:

Veit kommentiert ironisch und sarkastisch den Krieg und das politische System

---

9 Gerk, Andrea: *„Jede Figur hat das Recht auf Atem und Pulsschlag“. Gespräch mit Arno Geiger*. Vgl. einen weiteren Auszug des Interviews in 5. Materialien, S. 117 f.

> „An der Ostfront – Mitte – war die erwartete große Offensive im Gang, und weil es nicht aussah, als könnte mein Dienstgeber auch nur stellenweise die Oberhand behalten, war leicht abzusehen, wie der Krieg weitergehen würde. Doch aufhören? Das wäre total gegen den Stil des Hauses gewesen." (S. 289)

Kritik an Sprache und Verwaltungsapparat

Veit bedauert den Einfluss des Krieges auf die Sprache, die dazu führt, dass „Krieg" zu einem Bestandteil jedes Wortes wird: „‚Kriegsbraut! An jedem schönen Wort klebt heute der Krieg'" (S. 195).

Zuweilen wird seine Kritik aber auch unmissverständlich formuliert: Bei der Herstellung der gefälschten medizinischen Gutachten stellt er sich den missbilligenden Blick Hitlers vor: „Der böse Mann mit dem kleinen Schnauz schaute mir von der Wand aus zu" (S. 317). Auch in den Predigten des Pfarrers meint er, einen kritischen Unterton zu hören, wenn dieser vom Teufel spricht, der es nicht zulässt, dass der „Lebenskarren" nicht auf dem Schlamm gefahren werden kann (vgl. S. 325). Der lange Krieg habe nur der Verwaltung genützt: „Im fünften Kriegsjahr leistet man sich einen in der Welt einmaligen, ebenso hemmungslosen wie hemmenden Beamtenapparat. Die totale Mobilmachung war vor allem für die Behörden ein gefundenes Fressen, sonst gar nichts" (S. 42). Das System der Bezugskarten gaukle eine Versorgung nur vor, es führe aber am Ende zu überhöhten Preisen (vgl. S. 46). Veit wird durch die Erfahrung in einem langen und zunehmend aussichtlos erscheinenden Krieg die Doppeldeutigkeit des Hitlerschen Satzes bewusst, dass das letzte Bataillon auf dem Schlachtfeld ein deutsches sein werde (vgl. S. 327).

Wichtiges Charaktermerkmal Veits: seine Kriegsmüdigkeit

Seine Kritik konzentriert sich vor allem auf den Krieg, den er für verloren hält und der ihm gerade die Jahre seines Lebens genommen hat, die er ursprünglich für seine Ausbildung hat verwenden wollen.

Er kritisiert immer wieder die unmenschlichen Aspekte des Krieges. Kriegsmüdigkeit ist eine wichtiges Charaktermerkmal Veits, die Zeit beim Militär bezeichnet er als „verlorene Jahre“ (S. 17), er wäre gerne aus der Armee ausgeschieden, das wird ihm allerdings verweigert: Die verbrachten fünf Jahre beim Militär kommen ihm vor wie „Jahre, die immer dunkler geworden, immer kompakter geworden, sich zu Kugeln gerundet und immer weiter gerollt waren. Und ich dachte, dass ich jetzt lange genug Soldat gewesen war und dass ich nach Hause fahren wollte, bevor ich einen Koller bekam“ (S. 17). Sein Gesamturteil fällt dementsprechend negativ aus: „Der totale Krieg war ein totaler Betrug“ (S. 345).

Spannungsvolles Verhältnis zu Kriegsbefürwortern wie sein Vater und Max Dohm

Als Veit in Wien eintrifft, ist er sowohl physisch als auch psychisch angeschlagen, er fühlt sich antriebslos, er liegt „auf dem Bett ohne Antrieb, ein abgenagtes Stück Herz“ (S. 23). Zum Vater, der den Krieg nach wie vor befürwortet, hat Veit kein spannungsfreies Verhältnis: Während der Vater die These vertritt, dass man in einer großen Zeit lebe und die Nachwelt einen dafür beneiden werde, entgegnet Veit, dass er den Irrsinn fünf Jahre mitgemacht habe und mit einer daraus entstehenden Zukunft nichts zu tun haben wolle (vgl. S. 28 f.). Ähnlich dezidiert äußert sich Veit über den Ehemann der Vermieterin, Max Dohm, der Veit an seine Ehre als Soldat und an seine „heiligen Pflichten“ (S. 333) erinnert; Veit schreibt in sein Tagebuch: „Ich dachte, mit dem nächstbesten Eskimo, der mit begegnet, verbindet mich mehr als mit diesem Trottel.“ (S. 333).

Inniges Verhältnis zur verstorbenen Schwester

Zu seiner Schwester, an deren Geburtstag er am 11. März 1944 denkt, hatte Veit offenbar ein inniges Verhältnis. Er beschreibt sie als einen fröhlichen, optimistischen Menschen, der Gitarre spielte (vgl. S. 24) und viel lachte (vgl. S. 83), und er bedauert es, sie nie nach ihren Gefühlen gefragt zu haben (vgl. S. 24). Als Veit in der 4. Klasse gewesen ist, ist ihre Krankheit zurückgekehrt, im Jahre

1937, vor sieben Jahren, ist sie verstorben. Veit besucht ihr Grab auf dem Meidlinger Friedhof und legt sieben Rosen auf dem Grab nieder.

Sein Wunsch nach einer Partnerin wird deutlich, als er beginnt, erfolglos um die Lagerlehrerin Bildstein zu werben. Margot kommt aufgrund ihrer Ehe zunächst nicht als potenzielle Partnerin in Frage.

Erfährt „Normalität" mit Margot und Lilo

Mit Margot und Lilo erlebt er in dem Jahr in Mondsee Augenblicke von Normalität: „Neben Margot hatte ich die Hoffnung, ein normaler Mensch zu werden, ein Mensch wie andere normale Menschen" (S. 81), was seine Ablehnung des Krieges nur weiter verstärkt. Die Fälschung einer Zurückstellung, die in der damaligen Situation lebensgefährlich sein kann, verschafft ihm noch Zeit in dem normalen Alltag; der Betrug selbst ist, genauso wie der spätere Mord an seinem Onkel, vor allem der aktuellen Situation geschuldet und nicht vorsätzlich geplant. Dass er noch vor dem offiziellen Kriegsende desertiert und nach Mondsee zurückkehrt, zeigt, dass er immer mehr bereit ist, auch persönliche Risiken für Taten, die er für ethisch korrekt hält, einzugehen. Mit seiner Rückkehr nach Mondsee erfüllt er ein Versprechen, das er Margot gibt: „Ich werde nicht aufhören, dich zu lieben, bis der angeblich größte aller Liebenden uns trennt. Und das werde ich ihm übelnehmen" (S. 355).

Leidet unter Panikattacken

Veit leidet immer wieder unter Panikattacken und depressiven Verstimmungen; der allmählich einsetzende Herbst verstärkt die Empfindung, dass sich alles Gewohnte mit dem Krieg aufgelöst hat und auseinanderfällt, auch die Normalität mit Margot fällt langsam auseinander: „Man merkte, dass auch die Septemberwärme einer Art Gärung entstammt, der Sommer fiel auseinander, und der Herbst nistete sich ein mit seinen schnelleren Tagen und kühlen Windstößen. / Die Schwalben sammelten sich am See und rüsteten zum Abflug" (S. 293). Die Symbolik des Auseinanderfallens bezieht sich auch auf den Krieg: „Die Menschen lebten mit geschlossenen

Augen oder trugen sich mit Vorbehalten gegen denjenigen, der den obersten Kriegsherrn beleidigt hatte. Die Verbündeten fielen reihenweise ab. In der Vorwoche war nach Rumänien und Bulgarien auch Finnland ausgetreten“ (S. 293 f.).

Steht in Kriegszeiten für Freiheitsrechte des Individuums ein

Mit dem Mord am eigenen Onkel schützt Veit den Brasilianer, der sich abschätzig über die Reichsregierung geäußert hat, vor einer sicheren und langjährigen Haftstrafe, möglicherweise auch vor dem Konzentrationslager. Er steht hier für Freiheitsrechte des Individuums ein und ist bereit, für diese auch eine Straftat zu begehen. Die Tatsache des Mordes scheint Veit nur seinem Tagebuch anvertraut zu haben, da er nicht berichtet, darüber mit Margot gesprochen zu haben. Recht schnell nach der Tat ist er überzeugt, richtig gehandelt zu haben, auch wenn er die Problematik seiner Handlung offenbar erkennt: „Ich war mir aber sicher, dass bei dem Vorfall das Gute das Schlechte überwog. Und dieses Gefühl gewann allmählich an Stärke im leise fallenden Schnee, während ich nach Hause ging“ (S. 423). Die Legitimität der Tat wird später nicht mehr diskutiert, weil vermutlich die Auseinandersetzung mit der eigenen Zukunft angesichts der bevorstehenden Rückkehr an die Ostfront im Vordergrund steht.

Veit ist sich über die Folgen des Krieges für sein eigenes Leben und seine lebenslange Prägung durch die Kriegserfahrung bewusst: „[…] ich wusste, dass ich tatsächlich und unwiderruflich in diesem Krieg bleiben würde, egal, wann der Krieg zu Ende ging und was aus mir noch wurde, ich würde immer in diesem Krieg bleiben als Teil von ihm“ (S. 453).

„Die Darmstädterin“ Margot

Tapfer, ganz auf sich allein gestellt

Der Ich-Erzähler Veit erwähnt Margot bereits in seinem ersten Tagebucheintrag nach seiner Ankunft in Mondsee: „Im Zimmer neben mir wohnt eine Reichsdeutsche mit einem wenige Wochen alten

Kind, das noch nicht einmal den Kopf heben kann. Die Frau ist aus Darmstadt, schlanke Gestalt, lange braune Haare, sie hält sich sehr gerade, verheiratet mit einem Soldaten aus Vöcklabruck" (S. 41). Die explizite figurale Charakterisierung: „Sie hält sich sehr gerade" ist ein Lob ihrer Tapferkeit, da Margot in der schwierigen Phase nach der Geburt ganz auf sich allein gestellt ist und sich ohne die Hilfe des Ehemanns Ludwig um die Versorgung des Neugeborenen kümmern muss. Am Tag nach seiner Ankunft in Mondsee reist Margot nach Linz, um ihren **Ehemann** nochmals zu treffen, bevor dieser an die Ostfront kommandiert wird, sie wird ihn im Laufe des Romans nicht mehr wiedersehen, in der Nachbemerkung folgt nur noch der Hinweis, dass sie sich im Jahre 1946 scheiden ließen (vgl. S. 477).

Fürsorglich, kümmert sich um ihre Mitmenschen

Wenige Wochen später berichtet Veit erneut über sie, er nennt sie die „Darmstädterin" (Margot nennt er sie erst, nachdem sie ein Paar geworden sind). Sie erzählt ihm, dass sie Gymnastik betreibe, um ihren Körper nach der Geburt wieder in Form zu bringen. Veit notiert, dass er sie auch oft weinen höre, was auf die emotionale Belastung durch die Situation als alleinerziehende Mutter in einer Kriegszeit hindeutet. (vgl. S. 59). Margot hat ein fürsorgliches Wesen, sie kocht ab und zu für Veit (vgl. S. 74), nach der Verhaftung des Brasilianers kümmert sie sich zusammen mit ihm um das Gewächshaus und sie essen regelmäßig miteinander zu Abend, auch die **Tochter** Lilo erwähnt er immer öfter (vgl. S. 75). Im Gegensatz zu ihr steht die Quartierfrau, deren Ruf sie nach Margots Aussage als zänkisch, geizig und ungerecht ausweist (vgl. S. 60).

Margots Familie

Die Familie Margots lebt in Darmstadt, ihre **Schwester** Bettine ist 16 Jahre alt und arbeitet als Schaffnerin in Berlin, der **Vater** ist autoritär und vertritt die ideologische Ausrichtung des Regimes; erst nach der Zerstörung Darmstadts und nachdem er selbst wieder eingezogen worden ist, ändert er seine Einstellung und rechnet nun durchaus mit einer Niederlage Deutschlands (vgl. S. 375). Die **Mutter** vermisst ihre Familie und ist unglücklich darüber, alleine sein zu müssen: „Aber dass jetzt gar niemand mehr hier ist, ist nicht recht" (S. 372); sie hat liberale Ansichten („Bei manchen ist eben erst Taufe, dann Hochzeit, das kommt vor", S. 277), ist menschenfreundlich und treu („Ich kann nie wirklich mit jemandem fertig werden. Wenn ich einmal einen Menschen akzeptiert habe, dann nehme ich ihn, auch wenn er mich enttäuscht", S. 380) und unterstützt ihre Tochter, auch wenn sie nicht dieselbe Meinung hat.

Antiautoritär, weiß, was sie im Leben will

Margot räumt Veit gegenüber ein, dass sie in Mondsee sei, weil sie es – wie er auch – bei den Eltern nicht mehr ausgehalten habe (vgl. S. 171), insbesondere das autoritäre und gewalttätige Verhalten des Vaters bedingte ihren Wunsch, sich von der Familie zu lösen. So erzählt sie Veit, dass ihre Heirat mit Ludwig eher dem Drang geschuldet war, endlich die Familie verlassen zu können („dann habe sie wieder einmal eine Ohrfeige von ihrem Vater erhalten, danke, es reicht" (S. 194); „Heiraten sei ihr als die beste Möglichkeit zum Loskommen erschienen", S. 195); die ungewollte Schwangerschaft sei dann der Auslöser für die Ehe mit einem Mann geworden, den sie nur wenige Wochen gekannt habe und von dem sie nach der Begegnung mit Veit meint, dass er nicht der richtige Mann für sie sei (vgl. S. 195). Schon zuvor hat sie auf eine entsprechende Frage Veits hin, ob sie ihren Mann nicht vermisse, geantwortet, dass sie ja das Kind habe und sich – gewissermaßen als Ersatz für eheliche Zärtlichkeit – täglich mit Creme einreiben würde (vgl. S. 172).

In ihrer Schilderung auf S. 194 f. werden ihr Lebenshunger und ihr Freiheitsstreben deutlich: „Mir ist alles egal, ich will leben!" (S. 194); diese spiegeln sich in dem Wunsch nach ihren Seidenstrümpfen wider, die ihr ihre Mutter aus Darmstadt schicken soll; die Mutter hat dafür in der derzeitigen Kriegslage kein Verständnis (vgl. S. 276). An ihren Verwandten hängt Margot, das erkennt man an ihrer Bestürzung auf die Nachricht von der Bombardierung und Zerstörung von Darmstadt:

> „Für die nächste Stunde war Margot am Heulen. Zwischendurch hörte ich die halb unter Tränen, halb stöhnend gesprochenen Worte: ‚Ich kann nicht mehr, ich brauche eine Pause.' Dann schwamm sie aus den Tränen heraus, und ich hörte für einige Zeit fast nichts, ein Schniefen vielleicht, wenn Margot sich die Oberlippe abwischte, wo sich alles traf, was aus Augen und Nase gelaufen war. Sie schnappte nach Luft, ich reichte ihr ein frisches Taschentuch. Und nach einiger Zeit stieß sie wieder den Namen ihrer Heimatstadt aus und setzte ihr Weinen fort." (S. 290 f.)

Margot gibt Veit die Pistole

Veit erhält von Margot die Pistole, mit der er später den Onkel tötet: „Aus demselben Koffer kramte Margot eine auf einem polnischen Schwarzmarkt erstandene Pistole deutschen Fabrikats hervor, die ihr Mann ihr aufgedrängt habe, für alle Fälle" (S. 342).

Margot ist ehrlich – sie gesteht ihrer Mutter, dass sie ihren Ehemann nicht liebe. Die Mutter kann ihr dazu keinen Rat geben, sie empfiehlt ihr nur, sich nicht während der Ehe mit einem anderen Mann einzulassen, wohl wissend, dass Margot einen eigenen Willen hat, dem sie folgen wird (vgl. S. 380)

Sie bekennt sich zu Veit, unterstützt ihn

Als Veit im Dezember 1944 wieder zurück an die Front gehen muss, sind er und Margot sich sicher, dass sie nach seiner Rückkehr weiterhin eine Familie sein wollen: „‚Es wird schon auch die letzten Monate gutgehen', sagte Margot" (S. 425). Sie bekennt sich uneingeschränkt öffentlich und auch finanziell zu Veit; das Geld für die erfolglose Bestechung des Arztes stammt von ihr (vgl. S. 440 f.). Die Zuneigung zu Veit ist aufrichtig und sie entwickelt zusammen mit ihm eine Perspektive über das Kriegsende hinaus. Sie sorgt sich um seine Gesundheit, sie bittet ihn, vorsichtig zu sein und allmählich auch auf die Tabletten zu verzichten, indem er andere Formen der Traumabewältigung findet (vgl. S. 460 f.).

Kritisch ggü. Krieg und politischem System

Margot äußert an keiner Stelle des Romans positive Ansichten über das Regime oder den Krieg. Dass sie eine kritische Haltung einnimmt, erkennt man an ihrem Widerstand gegenüber dem Vater, an ihrer Unterstützung des Brasilianers und an der abschätzig gemeinten Metapher „der ganze Dreck" (S. 473), mit der sie beim Abschied von Veit Regime und Krieg bezeichnet.

„Der Brasilianer" Robert Raimund Perttes

Fernweh und Bedauern über eigene Rückkehr

Robert Raimund Perttes ist der Bruder von Trude Dohm, der Vermieterin. Sein Spitzname rührt von einem längeren Aufenthalt in Brasilien her. Nach wie vor sehnt er sich nach dem Land, er hat den „Wunsch, erneut in ein fernes, warmes und möglichst naturbelassenes Gebiet der Erde abzuwandern, dorthin, wo auch die Menschen voller Wärme seien" (S. 134). Er bereut es, zurückgekehrt zu sein: „Ich gehöre nach Brasilien. Und wenn ich nicht ganz allein gestanden wäre, ich wäre das zweite Mal nicht wieder heimgekehrt" (S. 299). Brasilien steht für ihn als Symbol seiner Lebensphilosophie, die Veit etwas abschätzig als „sein *Zurück zur Natur*" zusammenfasst, alles andere sei für ihn „ein Weg des Wahnsinns" (S. 335). Er fühlt sich zu der Welt, in der er leben muss, nicht zugehörig, in der Arbeit findet er die nötige Distanz: „Und wenn er endlich ans Arbeiten gekommen war, führte er so gleichmäßige Bewegungen aus, wie nur jemand, der seine Arbeit kennt und währenddessen an ganz etwas anderes denkt. Und die Welt rings um ihn schien ihm ganz gleichgültig zu sein, und er hielt inne und bewegte sich für mehrere Minuten nicht" (S. 334).

Großer Kritiker des Krieges und des politischen Systems

Über das Regime Hitlers und den Krieg äußert er sich stets abschätzig, selbst in seiner Tätigkeit als Gärtner erkennt er die Gegnerschaft zum Nazi-Staat: „Er wisse, wer im fünften Kriegsjahr Orchideen anbaue, sei der unbewusste Feind all derer, die darüber nachdächten, was außer Blut zum hiesigen Boden passe“ (S. 136).

Menschenfreund, Weltgeist

Der Brasilianer lehnt rassistisches Denken grundsätzlich ab: „Wer bei der Einschätzung von Menschen Rasse zur obersten Kategorie erhebt, höher als jede andere menschliche Eigenschaft, Intelligenz, Geist, Takt, Talent, gibt keinen Beweis seiner Überlegenheit“ (S. 173 f.). Achtung vor anderen Menschen zu lehren und zu praktizieren sei schwieriger als Menschen zu gegenseitigem Hass aufzustiften: „Und sei dir bewusst, es ist leichter, Menschen zu Hass anzustacheln, als sie zu Liebe und Achtung zu bringen, eine Ahnung davon schlummert in jedem Menschen“ (S. 136). Die Deutschen, die das Regime unterstützen, bezeichnet er als „Deutsche Verbrechergemeinschaft“ (S. 299), der das Attribut „zivilisiert“ aberkannt werden müsse: „Irgendwie kam es mir jetzt vor, als habe er einmal gesagt, unsere Begriffe von dem, was Zivilisiertheit sei, könnten nicht aufrecht erhalten werden“ (S. 177).

Die Brasilianer seien das gerade Gegenteil der Deutschen: „Weiß du, Menino, die Menschen in Brasilien haben nichts Grobes, Auftrumpfendes oder Anmaßendes. Es sind stille, träumerische, sinnliche Menschen. Das fehlt hier alles“ (S. 298).

Seine öffentliche Kritik bringt ihn ins Gefängnis

Da er seine politische Ansicht nicht nur privat, sondern auch in der Öffentlichkeit äußert, gerät er ins Visier der Polizei. Nachdem er den Propagandaminister für geisteskrank erklärt hat (vgl. S. 174), wird er verhaftet und muss eine halbjährige Zuchthausstrafe verbüßen. Auch nach seiner Entlassung ändert sich seine kritische Haltung gegenüber dem Regime nicht. Er bezeichnet Hitler als „Großidiot“ (vgl. S. 334) und als einen „Unbehausten“. Dennoch hat der Brasilianer die Hoffnung, dass der Diktator samt seinem Gefolge bald der Vergangenheit angehören werde: „H. ist auch so ein Unbehauster, aber er tanzt schon das sechste Jahr mit den Toten. Und wie er aus dem Nichts aufgetaucht ist, wird er mit seiner Horde wieder im Nichts verschwinden" (S. 298).

Der Brasilianer gerät mit seinem Schwager Max Dohm immer wieder in Konflikt. Bei einem Streit Anfang November 1944 macht er keinen Hehl daraus, dass er lieber wieder in Brasilien wäre, weil er nicht unter Menschen leben wolle, die glauben, „von Haus was Besseres" (S. 337) zu sein. Als er erneut Adolf Hitler beleidigt, ist die Grenze zur Strafbarkeit überschritten. Dohm bedroht ihn zunächst mit einer Pistole, lässt dann aber ab und verlässt den Schauplatz. Dem Brasilianer ist klar, dass er unverzüglich fliehen muss, wenn er nicht erneut ins Gefängnis gesteckt werden will. Mit den Worten, dass es besser sei, frei als Einzelner zu sterben als ein Sklavendasein zu führen, verlässt er das Haus. Dennoch wird er kurze Zeit später vom Ortsvorsteher aufgespürt; nachdem Veit den Onkel während der Verhaftung des Brasilianers erschossen hat, versteckt er zusammen mit Letzterem die Leiche. Er verabschiedet sich von Veit mit den Worten: „Ruhig wird das Herz erst, wenn wir geworden sind, was wir sein sollen" (S. 367). In den Nachbemerkungen wird über das weitere Schicksal des Brasilianers nur berichtet, dass man ihm nach dem Krieg den Mord am Ortsvorsteher nicht hat nachweisen können und dass er 1948 nach Brasilien ausgewandert sei, wo sich ab 1952 seine Spur verliert.

Seine Kritik kostet ihn sein gewohntes Leben, das er so weiterzuführen nicht mehr gewillt ist

Der Brasilianer stellt mit seinen Werten wie „Achtsamkeit", „natürliche Lebensweise" und „Humanität" ideell das genaue Gegenteil zu den Werten dar, die im Kriegsdeutschland während der Nazi-Zeit gegolten haben. Die Tatsache, dass er mitten im Krieg Orchideen anbaut, lässt sich mit Geiger als eine Form des Widerstands deuten:

Vertritt mitten im Krieg Werte wie Achtsamkeit, natürliche Lebensweise, Humanität

> „Und so gibt es in diesen Kriegszeiten auch berührend Schönes: Der Brasilianer züchtet in einem Gewächshaus Gemüse – und

Orchideen. Die sind völlig nutzlos und nur schön. Das sei eine Form des Widerstands, sagt Geiger: ‚Wer im 5. oder 6. Kriegsjahr Orchideen anbaut, ist der natürliche Feind all derer, die darüber nachdenken, was außer Blut noch zum Boden passt.' Dieser Glaube an die Schönheit der Welt und dass nicht alles für irgendwas in Gebrauch genommen werden muss, gibt Hoffnung."[10]

Trude Dohm und ihr Ehemann Max Dohm

Mitläufer, aktive Unterstützer des politischen Systems

Die Quartierfrau und ihr Ehemann gehören zu den Figuren, die als Mitläufer bzw. aktive Unterstützer des politischen Systems charakterisiert sind. Beide versuchen, aus der schwierigen Situation, in der sich andere Menschen befinden, Kapital zu schlagen.

Menschenfeindlich, eigennützig

Trude Dohm vermietet Zimmer, obgleich sie Veit vom Bahnhof abholt, zeigt sie sich insgesamt wenig menschenfreundlich und scheint nur an ihrem eigenen Gewinn interessiert. Schon bei der ersten Begegnung fühlt sich Veit nicht als Mensch beachtet: „Da besah sie mich von Kopf bis Fuß wie ein zum Verkauf stehendes Stück Vieh" (S. 32). Er tituliert sie als „Repräsentantin eines groben, maulfaulen Charmes" (S. 33).

Sie unterstützt das politische System, was man daran erkennt, dass sie an nationalen Feiertagen die Beflaggung des Hauses veranlasst. Ihr Bruder, der Brasilianer, meint, dass sich der Charakter seiner Schwester erst nach der Hochzeit zum Schlechten verändert habe.

Unbeherrscht, rechthaberisch, zänkisch

Trude Dohm wirkt oft unbeherrscht, rechthaberisch und zänkisch; Margot bezeichnet ihre psychische Situation als „am Rande der Unzurechnungsfähigkeit" (S. 323): Die Quartierfrau „ging

---

10 Bereuter, Zita: *„Der Liebesroman ist der wahre Antikriegsroman". Interview mit Arno Geiger*. Vgl. einen weiteren Auszug des Interviews in 5. Materialien, S. 120.

das eine Mal mit einer Kaffeetasse in der Hand zum Postamt, das andere Mal in einem zerfransten Schlafrock zu den Nachbarn" (S. 323).

In der letzten Begegnung zwischen ihr und Veit Kolbe äußert sie sich abschätzig über die Flüchtlinge, ihre Menschenverachtung drückt Veit in seinem Tagebucheintrag aus: „Die Quartierfrau lachte verächtlich, ein kleines böses Lachen, das aus der Tiefe ihrer sauren, alles zersetzenden Natur kam" (S. 465). Dabei hatte ihr Mund „einen brutalen, haltlosen Zug" (S. 466). Ob ihre angebliche Krankheit, von der ihr Ehemann spricht, tatsächlich den Grund für ihre Boshaftigkeit darstellt, bleibt ungeklärt. Trude Dohm stirbt bereits 1953 an Syphilis (vgl. S. 478).

Entschlossen, auf Äußerlichkeiten bedacht

Ihr Ehemann **Max Dohm**, im bürgerlichen Beruf Lackierermeister, und nun im Generalgouvernement tätig, wird aus der figuralen Perspektive von Veit recht genau beschrieben: „Dohm gehörte zu den Männern, die versuchen, sich durch schwarze Kleidung den Eindruck dichterer Substanz zu geben, ein großer, entschlossener Mann mit eckigen Schultern und flachem Gesicht, die braunen Haare mit ebenso betontem Schnitt wie die auf Taille getrimmte Uniform" (S. 207).

Er begutachtet mit großem, nach Veits Eindruck auch sexuellem Interesse die Mädchengruppe und äußert sich in anzüglicher Weise über Margot („*Vollweib*", S. 207). Veit konstatiert, dass er auch sympathische Züge an sich hat, insbesondere Lebensfreude und Selbstvertrauen strahle er aus. Veit beschreibt ihn als einen Menschen, „der sich berufen fühlt, die Welt zu erneuern zu seinen eigenen Gunsten" (S. 208); die Kriegssituation schätzt Dohm als kritisch und entscheidend ein.

Gewalttätig, einschüchternd, rigoros

Veit erlebt Dohm aber auch als gewalttägigen und einschüchternden Mann: Als dieser den Hund des Schwagers kurzerhand erschießt, protestiert Veit dagegen und droht ihm mit einer

Anzeige. Als Dohm ihn auffordert, keine Anzeige zu erstatten, gehorcht Veit unverzüglich (vgl. S. 215).

Mit seinem Schwager, dem Brasilianer, gerät Dohm immer wieder in Streit. Als Dohm wieder ins Generalgouvernement zurückkehren muss, bittet er Veit um Nachsicht für seine Frau und um Entschuldigung für seine eigene Erregbarkeit; er wünscht sich, dass Veit auf seine Frau aufpassen möge (vgl. S. 343 f.). Dohm überlebt seine Frau um viele Jahre und stirbt erst 1981 in Freising (vgl. S. 478).

Margarete Bildstein

Ernst, sorgenvoll, reserviert, abweisend

Margarete („Grete“) Bildstein ist eine Lehrerin aus Wien, die die im Rahmen der „Kinderlandverschickung“ nach Mondsee gebrachten Mädchen im Gasthof Schwarzindien beaufsichtigt bzw. betreut. Bei ihrer ersten Begegnung begleitet Veit sie zurück zum Gasthaus, dabei wirkt sie auf ihn eher abweisend. Veit erklärt sich ihre Reserviertheit damit, dass er sie davon abgehalten habe, eine halbe Stunde allein zu sein (vgl. S. 56). Auch bei ihrem nächsten Treffen betont die Lehrerin, dass sie sehr viel zu tun habe: „Sie sagte, ihr Arbeitsfeld werde immer größer, Kinder und Eltern würden ihr die Tür einrennen, das sei in mancher Hinsicht gut, bleibe weniger Zeit zum Nachdenken“ (S. 79).

Veit erlebt sie als eine Frau, die auf seine Annäherungsversuche nicht reagiert: „Und da standen wir einige Sekunden wortlos, die Verschmähende und der Verschmähte“ (S. 79). Offenbar ist Veit nicht der einzige Mann, dessen Kontaktversuche nicht honoriert werden. Auch ein Gebietsbetreuer der „Kinderlandverschickung“ scheint sich um sie zu bemühen, seine Hilfe wolle sie aber nicht annehmen. Offenbar hat sie eine Abneigung gegenüber Männern: „Und schließlich sagte sie, sie habe in den vergangenen Jahren genug Männer gesehen, sie habe die Nase voll von ihrem Seehundaroma“ (S. 63).

Sie arbeitet nach dem Krieg weiterhin als Pädagogin und stirbt unverheiratet und kinderlos in hohem Alter.

Kurt Ritler und Annemarie Schaller

Kurt Ritler ist 16 Jahre alt, Annemarie Schaller, genannt „Nanni", ist 13 Jahre alt, sie sind als Cousin und Cousine miteinander verwandt und ineinander verliebt. Die Beziehung wird öffentlich, weil sie sich nach dem Weggang Annemaries nach Mondsee adoleszenztypische Briefe schreiben, in denen sie ihre Zuneigung ausdrücken; diese Briefe werden entdeckt, Margarete Bildstein erwähnt in einem Gespräch mit Veit, dass Annemarie und ihr Cousin Kurt in einem „nicht sehr schönen Briefkontakt" (S. 79) stünden.

Cousin und Cousine

Veit lernt Annemarie bereits bei einem Besuch in Schwarzindien am 30. Januar 1944 kennen. Er ist beeindruckt von ihrem Selbstbewusstsein (vgl. S. 64); ihren Wunsch, der Mutter einen Brief zu schreiben, in dem er um Verständnis für Annemarie wirbt, weist Veit zurück. Dabei beeindruckt ihn ihre Reaktion auf die Ablehnung und ihre feste Überzeugung:

Nanni ist selbstbewusst

> „Sie stand da und hörte es sich an und nahm es hin. Und plötzlich verstand ich ihren Cousin, ich konnte die Faszination nachempfinden, die von diesem Mädchen ausging, von seinen einmal trägen, einmal plötzlichen Reaktionen. Sie schien völlig frei, ohne Berechnung, schien gar nicht zu verstehen, was die von den Erwachsenen vorgebrachten Vernunftgründe zur Sache beitragen sollten, fest überzeugt, dass Kurt und sie füreinander bestimmt seien." (S. 143)

Annemarie erzählt Veit von dem Plan, gemeinsam mit ihrem Cousin an Ostern in die Drachenwand zu steigen. Nach der Entdeckung ihrer Liebesbeziehung und dem Ausbleiben Kurts bricht sie allein zu der Tour auf und verunglückt tödlich, Kurt wird zum „Volkssturm" eingezogen und fällt noch in den letzten Kriegstagen.

Kurt äußert sich ironisch über die Zustände, ist aber vom Sinn des Krieges überzeugt

In Kurts Briefen finden sich zuweilen ironische Bemerkungen über die Politik der Regierung. So äußert er sich ironisch zu der Anordnung, dass die Mädchen zwischen dem 14 und dem 20. Lebensjahr die gleiche Haarlänge haben müssen: „Solange die geniale Deutsche Reichregierung solche Ideen hat, ist Deutschland nicht verloren" (S. 102). Er ist von der Sinnhaftigkeit der Kriegsziele überzeugt und ist bereit, sein Leben für das Vaterland zu opfern.

Oskar Meyer (Sándor Milch, Andor Bakos)

Flieht mit Familie von Wien nach Budapest

Oskar Meyer ist Zahntechniker von Beruf, er ist jüdischen Glaubens und lebt mit seiner Frau und zwei Kindern erst in Wien, dann in Budapest, den Sohn Bernhard kann er nach England in Sicherheit bringen, seine Frau Wally und der zweite Sohn Georg werden 1944 in Auschwitz ermordet.

Der Roman gibt die Briefe wieder, die er 1941 und 1944 an seine Cousine Jeannette schreibt. In diesen Briefen wird deutlich, wie Meyer sich selbst immer wieder Mut macht, dass die Repressalien gegen Juden irgendwann einmal aufhören werden. Er und seine Frau betonen, dass sie als freie Bürger geboren seien und das Recht hätten, in ihrer Heimat zu bleiben. Er will es lange Zeit nicht wahrhaben, dass sein Leben und das Leben seiner Familie in Gefahr sind. Daher verpasst er die Chance, sich und seine Familie zu retten, als er ein Angebot für eine Technikerstelle in Accra/Westafrika erhält. Der Rat, den diesbezüglich er von einem Polen bekommt, beherzigt er nicht: „Er riet mir, keine Gelegenheit ungenutzt zu lassen, man wisse nicht, was noch komme, er habe Menschen gesehen, die eine Gelegenheit, sich zu retten, verstreichen ließen wegen eines Kindergeburtstags. Er sei ein erfahrener Verfolgter, eine Fachkraft im Fliehen" (S. 253).

Im Jahre 1941 gelingt noch die Flucht nach Budapest, doch die Lebensbedingungen für Juden verschlechtern sich zusehends, spätestens nach der Besetzung durch deutsche Truppen am 19. März 1944 wird es für Juden lebensgefährlich. Meyer findet keine Arbeit mehr, die Familie hat kaum etwas zum Essen, die Mietzahlungen aufzubringen, wird eine immer größere Herausforderung. Die ganze Familie hofft auf ein schnelles Ende des Krieges. Am 16. Juli 1944 kommen Meyers Frau Wally und ihr Sohn Georg nicht aus der Sonntagsschule zurück, Nachfragen ergeben, dass sie dort nie angekommen sind. Oskar Meyer schildert seine Verzweiflung, nachdem er realisieren muss, dass beide verschwunden sind. Aus dem Brief an seine Cousine ist zu entnehmen, dass er davon ausgeht, dass seine Frau mit dem Sohn weggefahren sei.

Lebt in Lebensgefahr und Verzweiflung

Der Erzähler erklärt in den Nachbemerkungen, dass beide 1944 in Auschwitz ermordet worden seien (vgl. S. 479). Meyer macht sich Vorwürfe, dass er seine Frau und seinen Sohn nicht hat retten können: „Oft geh ich fast in die Knie unter meinen Schuldgefühlen. Es gibt eine Stunde, bis zu der der Schüler seine Lektion beherrschen muss. Nachher gibt es kein Lernen mehr. Diese Stunde schlug mir im Jahr 1940, als wir nach Goldküste hätten gehen können, Akkra. / Die guten Gelegenheiten gehen vorbei und kommen nicht wieder“ (S. 401).

Hat große Schuldgefühle

Schließlich meldet er sich freiwillig zum Arbeitsdienst und kommt während eines Transports im März 1945 ums Leben.

Die Figur des Oskar Meyer trägt tragische Züge: Er ist ein gläubiger, menschenfreundlicher und optimistischer Familienvater, der dafür arbeitet, dass seine Familie ein gutes Auskommen hat. Nach dem erzwungenen Weggang aus Wien fühlt er sich als heimatloser Flüchtling, „ein heimat- und staatenloser Mensch, unter falschem Namen, mit falschen Papieren, mit falschem Blut, in der falschen Zeit, im falschen Leben, in der falschen Welt“ (S. 256); je mehr

Gläubig, menschenfreundlich, optimistisch

er versucht, der drohenden Vernichtung zu entgehen, desto tiefer gerät er – völlig unverschuldet – in sie hinein. An seiner Figur stellt sich die Frage nach der Verantwortung Gottes für das auf der Welt existierende Leid („Theodizee-Frage"). Am Ende bleibt Oskar Meyer nur noch der Wunsch, dass die seligen Eltern ihn beschützen und Gott die Feinde bestrafen wird: „Ich hoffe, die Hände der seligen Eltern sind über mir, und dass der Herr unseren Peinigern alle Zähne zerbricht" (S. 418).

Postenkommandant Johann

Kettenraucher

Veit hat schon vor dem Aufenthalt in Mondsee Kontakt mit ihm, da er dem starken Raucher von der Front Rauchwaren schickt; der Onkel gesteht, dass er entgegen des ärztlichen Rates weiter rauche, da er die Zigaretten zur Erfüllung seines Dienstes brauche (vgl. S. 306). Er berichtet Veit von seinen Erfahrungen im Ersten Weltkrieg und den lebensgefährlichen Situationen, in denen er sich befunden habe; er räumt ein, dass er wie Veit auch nach dem Krieg immer wieder Panikattacken gehabt habe (vgl. S. 307 f.); irgendwann hätten die aber aufgehört.

Zur Trennung von seiner Frau haben verschiedene Arbeitsauffassungen geführt; so sei seine Frau der Ansicht gewesen, dass ein Mann etwas leisten müsse. Er selbst dagegen vertritt die Meinung, „dass es seine oberste Amtspflicht sei, sich nicht auszulaugen" (S. 51).

Dazu passt auch, dass er sich nach der Pensionierung sehnt (vgl. S. 183). Veits Urteil über seinen Onkel trifft das Charaktermerkmal gut, für ihn ist er ein „gänzlicher Opportunist" (S. 347), seine weiteren Ausführungen fällen ein vernichtendes Urteil:

Opportunist

> „Als gänzlicher Opportunist war der Onkel das größte Arschloch von allen. Sein Hauptinteresse bestand darin, keinen Ärger zu

> bekommen und für sich selbst möglichst viele Vorteile herauszuschlagen, alles andere war von untergeordneter Bedeutung. Deshalb auch seine tiefempfundene Abneigung gegen den Brasilianer, der ihm Arbeit machte. Bedauerlich, es sagen zu müssen, aber der Onkel hasste jeden, der nicht nach dem Motto lebte: Ruhe ist die erste Bürgerpflicht" (S. 347).

Vertreter der staatlichen Interessen

Auch wenn der Onkel einen wenig engagierten Ortsvorsteher darstellt, was sich beispielsweise daran zeigt, dass er mit Floskeln versucht, die Mutter der verschwundenen Annemarie zu beruhigen („Und dann, in einer Rauchwolke, als sei auch das Gesagte Teil des Rauches: ‚Anschließend wird sie wieder auftauchen'", S. 159), so vertritt er die staatlichen Interessen mit aller gebotenen Macht, was man z. B. an der Verfolgung des Brasilianers sieht.

Nicht empathiefähig

Man kann ihn als einen Nikotinabhängigen begreifen; das Fehlen von Rauchwaren in einem illegal geöffneten Päckchen lässt ihn am Zusammenhalt der „Volksgemeinschaft" zweifeln und in der Folge auch daran, ob das Reich den Krieg überhaupt noch gewinnen kann (vgl. S. 306). Die figurale Charakterisierung, mit der Veit die Ermordung des Onkels begründet, deckt einen zentralen Charakterzug des Onkels auf, seine Mitleidslosigkeit: „ich hatte kein Mitleid mit ihm, wie er nie mit irgendwem Mitleid gehabt hatte" (S. 366). Dies ist auch der Grund dafür, weshalb er die Ermordung des Onkels als gute Tat qualifiziert (vgl. S. 366).

3.5 Sachliche und sprachliche Erläuterungen

7	**Dnjepr**	über 2200 km langer Fluss, der in Russland entspringt und in das Schwarze Meer mündet
8	**Kolchose**	nach sozialistischen Vorstellungen strukturierter und geführter landwirtschaftlicher Großbetrieb in der Sowjetunion
9	**Dolinskaja**	Stadt in der Ukraine, von 1941–1944 von der deutschen Wehrmacht besetzt
12	**„Charkow Taganrog Woronesch Schitomir"**	Charkow (Ukraine), Taganrog (Südrussland), Woronesch (Südwestrussland), Schitomir (Ukraine) sind Städte, die ab 1941 von der deutschen Wehrmacht besetzt und ab 1943 von der Roten Armee zurückerobert wurden.
16	**„Warschauer Aufenthalt"**	Warschau wurde von 1939–1944 von der deutschen Wehrmacht besetzt. Seit 1941 existierte dort das größte jüdische Ghetto Europas. Die deutsche Besatzung traf auf erbitterten Widerstand, nach dem Warschauer Aufstand 1944 wurde die Stadt größtenteils zerstört, die Menschen wurden ermordet oder deportiert.
16	**„Wallfahrt nach Altötting"**	Altötting in Südostbayern ist wegen der Gnadenkapelle der Schwarzen Madonna ein wichtiger Zielort für Pilgerfahrten.
18	**„Einkaufskarte"**	Seit Kriegsbeginn wurden wichtige Lebensmittel wie Fleisch, Brot, Eier und Fett nur gegen Bezugsscheine abgegeben, die aber nicht garantierten, dass ein entsprechender Bestand vorhanden war. Die theoretisch beziehbaren Mengen wurden bis Kriegsende erheblich reduziert, bei Fleisch z. B. von 500 g auf 222 g pro Woche.
19	**Lebach, Neunkirchen, Homburg, Merzig**	Städte im Saarland
19	**„Bonze"**	hier: Bezeichnung für NSDAP-Funktionäre

23	**„Volksopfer"**	Das „Volksopfer für Wehrmacht und Volkssturm" wurde erst im Januar 1945 verkündet; zuvor gab es während des Krieges immer wieder Aufrufe an die Bevölkerung, die Soldaten durch bestimmte Rohstoffe wie Kleidung, aber auch Knochen, Metalle und Kräuter zu unterstützen.
33	**„Abtritt"**	Toilette
34	**„Schlüssel von tosischer Form"**	Schlüssel, der in ein Chubbschloss passt (oder auch „tosisches Schloss", benannt nach seinem Erfinder, dem österr.-ital. Schlosser Johann Baptist Tosi)
38	**Gewehröl**	Öl zur Pflege von Schusswaffen
40	**Jawkino**	Stadt in der Ukraine
42	**Dammriss**	Reißen des Gewebes zwischen Scheide und After im Verlauf einer Geburt
42	**Primar**	österreichische Bezeichnung für „Chefarzt"
42	**verätzen**	Desinfektion einer Wunde, z.B. durch Phenol/Karbolsäure
42	**„totale Mobilmachung"**	Am 18. 02. 1943 proklamierte Reichspropagandaminister Joseph Goebbels den „totalen Krieg", der in der Endphase des Krieges zur Einberufung der 16–60-jährigen Männer in den sogenannten „Volkssturm" führte.
43	**requirieren**	für militärische Zwecke beschlagnahmen
43	**Furunkel**	meist durch Bakterien verursachte eitrige Entzündung eines Haarbalgs und des ihn umgebenden Hautareals
43	**Zugsalbe**	Salbe mit entzündungshemmender und schmerzstillender Wirkung, die vor allem bei eitrigen Hautentzündungen verwendet wird
47	**Pimpf**	Allg. Ausdruck für „kleiner Junge"; in der Zeit des Nationalsozialismus bezeichnet der Ausdruck die 10–14-jährigen Angehörigen des „Jungvolks".

48	**Schwarzindien**	Ortsteil am Mondsee im österr. Salzkammergut
55	**Gewurl**	Gewimmel
60	**Kanaille**	Schimpfwort für „Schurke", „Verbrecher" bzw. allg. „böser Mensch"
60	**Frankenmarkt**	Marktgemeinde in Oberösterreich im Bezirk Vöcklabruck
61	**„Dienstgeber"**	ironisch für „Wehrmacht"
62	**„Tag der nationalen Erhebung"**	Propagandabegriff der Nationalsozialisten für den Tag der Machtergreifung Adolf Hitlers am 30. 01. 1931, galt seit 1937 als vorgeschriebener Beflaggungstag
62	**Fremdarbeiter**	Ausländer, die freiwillig oder gezwungen in einem anderen Land arbeiten
63	**„Kinderlandverschickung"**	Maßnahme, mit der seit 1940 Kinder und Jugendliche aus gefährdeten städtischen Gebieten in ländliche Gebiete evakuiert wurden
64	**Bajonett**	Stichwaffe, die am Lauf eines Gewehres befestigt ist
65	**Auslaufbrunnen**	Ein Auslaufbrunnen wird aus einer Wasserleitung gespeist im Gegensatz zu einem Schöpfbrunnen, in dem Grundwasser steht.
68	**Heitor Villa-Lobos (1887–1959)**	brasilianischer Komponist
68	**Ostmark**	Bezeichnung für Österreich nach der Eingliederung in das Deutsche Reich 1938 (verwendet bis 1942, danach „Alpen- und Donau-Reichsgaue")
69	**bürgerliche Ehrenrechte**	aktives und passives Wahlrecht sowie das Recht, öffentliche Ämter wahrzunehmen
70	**Alberto Santos-Dumont (1873–1932)**	brasilianischer Luftfahrtpionier, führte 1906 den ersten öffentlichen Motorflug durch
72	**Reißerei**	Einrichtung, in der Textilabfälle maschinell zerkleinert werden

73	**Durchschlag-papier**	meist mit Kohle beschichtetes Papier, das es erlaubt, während des Schreibvorgangs (handschriftlich oder mit der Schreibmaschine) Kopien auf einem darunter liegenden Blatt anzufertigen
73	**Zeller Ache**	Zufluss des Mondsees
76	**Batschka**	Region, die zum Teil zu Ungarn, zum Teil zu Serbien gehört, war im Zweiten Weltkrieg von der Wehrmacht besetzt; nach Kriegsende wurden die dort ansässigen Donauschwaben vertrieben.
80	**„Fliegende Festungen"**	Boeing B-17 „Flying Fortress", amerikanischer Bombertyp im Zweiten Weltkrieg
92	**„Mutterkreuz in Silber"**	Das Mutterkreuz wurde 1938 eingeführt und ab einer bestimmten Kinderzahl in Bronze (4–5 Kinder), Silber (6–7 Kinder) und Gold (ab 8 Kindern) an dem von den Nationalsozialisten ins Leben gerufenen sogenannten „Muttertag" verliehen.
92	**Mutterband**	Verbindung zwischen Gebärmutter und Becken
92	**„Lanzen brechen"**	„für etwas eintreten"
94	**„Einrexen"**	einkochen/einmachen (z. B. Gemüse, Marmelade, Fleisch)
100	**„keppeln"**	österr. für „fortwährend schimpfen"
102	***Viel Lärm um Nixi***	deutsche Filmkomödie (1942)
103	***Frühling in Wien***	Schlager (1941), gesungen von Marika Rökk
103	**„Tarockieren"**	„Tarock spielen": „Tarock" ist der Überbegriff für eine Vielzahl von Kartenspielen, die neben den Farbkarten auch eine Reihe von spezifischen Trumpfkarten haben.
105	**„wenn dann die Trommel die richtige Spannung hat"**	= umgangssprachlich/metaphorisch für „voller Bauch"
106	**„Tag der Fadität"**	Tag der Langweile

107	**Paninka**	russ. „Frau" (abschätzig, mit sexueller Konnotation)
111	**Dorotheum**	Auktionshaus in Wien
114	**Affidavit**	Bürgschaft eines Einwohners des Aufnahmelandes für einen Migranten
118	**Hlatikulu**	eine Stadt in Swasiland (südl. Afrika)
123	**Alfred Rosenberg (1892–1946)**	„Chefideologe" Hitlers mit einem nationalistischen und rassistischen (antisemitischen) Welt- und Menschenbild
129	**Tarnopol**	Stadt in der Ukraine, 1941 von der deutschen Wehrmacht erobert, Pogrome gegen die jüdische Bevölkerung, 1944 Rückeroberung durch die Rote Armee
137	**„Tag der Wehrmacht"**	jährlicher Festtag in Erinnerung an die Gründung der Wehrmacht im Jahre 1935, der am 17./18. März stattfand und an dem z. B. die Kasernen für Publikumsverkehr geöffnet wurden
146	**Anstalt**	Gemeint ist hier wohl ein Erziehungsheim.
147	**Höllenstein**	ugs. für Silbernitrat, das desinfizierend wirkt
147	**Pervitin**	Metamphetamin, das im Zweiten Weltkrieg als Droge zur Überwindung von Erschöpfungszuständen eingesetzt wurde
160	**„F.geburtstag"**	Adolf Hitler wurde am 20. April 1889 im österreichischen Braunau/Inn geboren.
173	**„Finger-Gottes-Gebirge"**	Berg im „Orgelpfeifengebirge" im Bundesstaat Rio de Janeiro, der *Dedo de Deus* ist 1692 Meter hoch und ragt wie ein Finger empor.
173	**„Orgelgebirge"**	brasilianischer Nationalpark im Bundesstaat Rio de Janeiro
177	**Galosche**	Überschuh aus Gummi

192	**Wunderwaffe**	Die Ankündigung einer Wunderwaffe durch die NS-Propaganda sollte vor allem in den letzten beiden Kriegsjahren den Durchhaltewillen der Bevölkerung und der Soldaten stärken. Möglicherweise bezog sich die Ankündigung auf die Entwicklung der V-Raketen, die ab 1944 zum Einsatz kamen.
197	**Griespapp**	Suppe aus Griesmehl
205	**„Rom war geräumt"**	Am 4. Juni 1944 wurde Rom von den Alliierten erobert.
205	**zwei Tage nach Rom: Landungsversuch der Alliierten**	Ab dem 6. Juni begann die Operation „Overlord", die Landung alliierter Truppen in der Normandie.
214	**„schwarze Uniform des Ordens"**	Gemeint ist die schwarze Uniform der paramilitärischen NS-Parteiorganisation „Schutzstaffel (SS)"
223	**Coramin, Strophantin, Tuberkulin**	Coramin ist der Handelsname für Nikethamid, ein Aufputschmittel. Strophantin wird medizinisch als Herzmedikament verwendet. Tuberkulin ist ein Testmittel, das eine Tuberkulose-Infektion nachweist.
232	**Schwechat**	Stadt in der Nähe von Wien, heute bekannt als Sitz des Flughafens
232	**Batterie**	Geschützstellung
234	**Gabelfrühstück**	Zweites Frühstück ab 11 Uhr vormittags, bei dem auch deftige Speisen eingenommen werden und das nur mit einer Gabel zu sich genommen wird.
236	**Kabinett**	Nebenzimmer
239	**Prater**	Gemeint ist der Wiener Vergnügungspark, der sich im Prater, einer an der Donau gelegenen Auenlandschaft befindet.
242	**Buerlecithin**	pflanzliches Arzneimittel gegen Erschöpfungssymptome

252	**Chasside**	strenggläubiger Jude
258	**Tscholent**	traditionelles jüdisches Eintopfgericht
263	**Debrezen**	Stadt in Ungarn, die im Herbst 1944 zwischen Wehrmacht und Roter Armee hart umkämpft war, bevor die Rote Armee sie erobern konnte.
274	**„dortige Großschnauze“**	Damit ist die Berliner Mundart gemeint, die zuweilen ins Derbe reicht.
276	***Aladin***	Zigarettenfabrik in Dresden
279	**Attentat auf den F.**	Am 20. Juli 1944 fand ein Attentatsversuch auf Hitler statt, der von Männern verantwortet wurde, die aus dem Adel und z. T. aus hohen Führungsebenen in der Verwaltung und der Wehrmacht stammten.
282	**Mitigal**	Salbe, die den Juckreiz mindert
284	**Emphysem**	krankhafte Aufblähungen in der Lunge
285	**Warschauer Aufstand**	Zwischen dem 01. 08. 1944 und dem 02. 10. 1944 kämpfte die polnische Heimatarmee vergeblich gegen die deutschen Besatzer in Warschau.
285	**Frontwechsel Rumäniens**	Am 23. 08. 1944 kam es infolge eines Staatsstreiches zu einem Umsturz in Rumänien, in dessen Folge sich das Land den Alliierten anschloss.
285	**Übergabe von Paris**	Am 25. 08. 1944 kapitulierte die deutsche Besatzung von Paris vor den Alliierten.
289	***Wen die Götter lieben, der stirbt jung***	lat. Aphorismus von Plautus: „Quem di diligunt, adulescens moritur.“
289	**Vergeltungswaffe**	s. „Wunderwaffe“ (S. 192)
294	***Suite Popular Brasileira***	Fünf Etüden für Gitarre des brasilianischen Komponisten Heitor Villa-Lobos
294	**„Bom dia, Menino“**	portug. für: „Einen guten Tag wünsche ich dir, Junge.“

297	**Heliotrop**	Vanilleblume, auch „Sonnenwende“ genannt, violette, stark duftende Blüten vom Frühsommer bis in den Herbst hinein
299	**Mandioka**	Maniok, gilt v. a. in Südamerika als Stärkelieferant
305	**Eisernes Kreuz zweiter Klasse**	Kriegsauszeichnung (niedrigste von vier Stufen)
306	**Hershey-Schokolade**	Die Firma Hershey gehört zu den ältesten Schokoladenherstellern der USA.
310	**„Volkssturm“**	Am 25. 09. 1944 wurde per „Erlass des Führer über die Bildung des Deutschen Volkssturms“ bestimmt, dass alle wehrfähigen Männer im Alter von 16 bis 60 Jahren einzuberufen sind.
311	**Häuser mit Oberlicht**	Ironischer Ausdruck zur Bezeichnung von Häusern, deren Dach zerstört wurde.
315	**Tschicksammler**	Sammler von Zigarettenstummeln („Tschick“: österr. für „Zigarettenstummel“)
321	**Schanzen**	Bau einer militärischen Befestigungsanlage
322	**Spieß**	Dienstrang des Hauptfeldwebels in der Wehrmacht, entsprach einem „SS-Stabsscharführer“ in der „Waffen SS“
324	***Die Goldene Stadt***	einer der erfolgreichsten Filme der NS-Zeit (Regie: Veit Harlan)
332	**„etwas Enervierendes“**	„etwas Nervtötendes“
335	***Zurück zur Natur***	Aphorismus, der wohl irrtümlicherweise dem Aufklärer Jean-Jacques Rousseau zugeschrieben wird und der ein konsequent natürliche Lebensweise fordert.
335	**Rekordföhn**	warmer, trockener Fallwind, der im Gebirge auftritt
335	**Germ**	Hefe
335	**Natrontabletten**	Hefeersatz

343	**General-gouvernement**	Bezeichnung für die seit 1939 vom Deutschen Reich besetzten polnischen Gebiete
349	**„9. November"**	„Gedenktag für die Bewegung", seit 1939 Feiertag im Deutschen Reich. An diesem Tag sollte an den gescheiterten Hitler-Putsch am 8./9. 11. 1923 in München sowie an alle Getöteten der NS-Bewegung erinnert werden.
358	**Perchten**	Masken des bayerisch-österreichischen Winterbrauchtums, dargestellt sind zumeist furchteinflößende Köpfe mit Hörnern und großen Zähnen, Nasen und Augen
364	**Mauserpistole**	besonderer Pistolentyp, der im Zweiten Weltkrieg vornehmlich von Kraftfahrern verwendet wurde
370	**Am Eichbaumeck**	Straße in Darmstadt
370	**Lederbirnbaum**	alte Birnensorte
370	**abbeuteln**	abschütteln
373	**„Sonntag wie Arsch und Friedrich"**	ugs. Redewendung für „schlecht", „misslungen", „unpassend"
374	**Paketsperre**	Kriegsbedingt kam es immer wieder zu Phasen, in denen die Reichspost keine Pakete transportieren konnte.
383	**Wasserwelle**	Haarmode der 1920er Jahre
384	**„Volksgrenadier-Division"**	schlecht ausgebildete Einheiten, die zum Teil aus Soldaten, zum Teil aus „Volkssturm"-Einheiten zusammengesetzt wurden und die ab dem 20. Juli 1944 den Ersatz für die schweren Verluste an der Westfront und z. T. an der Ostfront bilden sollten
385	**„Wanzenburg"**	hier „Kaserne"
385	**Kommiss**	ugs. „Militärdienst"
396	**„Nacktkultur à la Lobau"**	Lobau ist der Name eines Augebietes auf der Hirscheninsel bei Wien, das das Zentrum der damaligen Nudistenbewegung war.

397	**„Schrammeln“**	typische Wiener Volksmusik
399	**Miklós Horthy (1868–1957)**	konservativ-nationalistischer Regierungschef Ungarns von 1920–1944
399	**Ferenc Szálasi (1897–1946)**	1944/45 Diktator Ungarns, der mit dem Dritten Reich kollaborierte und den Holocaust in Ungarn förderte; er wurde 1946 als Kriegsverbrecher hingerichtet.
400	**„Pfeilkreuzler-bande“**	faschistische Partei (1935–1945) in Ungarn unter Leitung von Ferenc Szálasi
401	**Buchteln mit Powidl**	süße österreichische Mehlspeise mit Pflaumenmus
402	**„Zsidó“**	ungar. „Jude“
454	**Simmering-Graz-Pauker AG**	1941 gegründete österreichische Maschinenfabrik mit Sitz in Wien
459	**„perchtenhaft“**	an gehörnte Perchten-Masken erinnernd
479	**„Panzergrenadier auf Königstiger“**	Panzergrenadiere, die auf dem Panzerkampfwagen VI „Tiger II“ mit dem Spitznamen „Königstiger“ aufsitzen und die unter dem Feuerschutz des Panzers zu Fuß gegen Widerstand vorgehen.

3.6 Stil und Sprache

ZUSAMMENFASSUNG

Charakteristisch für den Roman *Unter der Drachenwand* ist das Erzählen aus verschiedenen Perspektiven: In den privaten Tagebucheinträgen von Veit Kolbe finden sich neben den Schilderungen seines täglichen Lebens auch Bemerkungen, die strafrechtliche Relevanz in der NS-Diktatur entwickeln könnten (zumal der Mord an seinem Onkel für ihn sicherlich die Todesstrafe zur Folge hätte). Die anderen Figuren äußern sich in Briefen, sprechen also direkt einen Adressaten an. Stil und Sprache sind dabei behutsam der Figur, aus deren Perspektive erzählt wird, angepasst.

Gattung, Erzählweise und -struktur

Gattung: Roman

Unter der Drachenwand ist gattungstypologisch ein Roman, darauf weist bereits der Paratext hin, auch Umfang und natürlich der fiktionale Charakter ordnen ihn dieser Gattung zu, auch wenn die historische Einbettung und die Quellen enge Bezüge zur historischen Realität aufweisen. Es gehört zum Charakter dieser in epischer Breite erzählenden Großform, dass er unterschiedliche Stoffe, Themen, Diskurse, Erzählverfahren und Schreibweisen aufnehmen kann:

Unter der Drachenwand widmet sich stofflich dem Krieg (vgl. 5. Materialien, S. 114 f.), thematisch handelt es sich um einen **Antikriegsroman**; mit dem Blick auf die verwendeten Erzählverfahren lässt er sich als ein **„Brief-/Tagebuchroman“** kennzeichnen, von der Schreibweise her ist er sicherlich als **realistischer Roman** zu bezeichnen (vgl. 5. Materialien, S. 114). Das Thema „Liebe“ in ihren verschiedenen Ausprägungen (erotische Liebe, Elternliebe) spielt ebenfalls eine Rolle (vgl. 5. Mat., S. 115 f.), der Tagebuchschreiber Veit Kolbe bringt zum Ausdruck, dass seine Geschichte auch eine Liebesgeschichte sei: „Und ich weiß, es sind schon ereignisreichere Geschichten von der Liebe erzählt worden, und doch bestehe ich darauf, dass meine Geschichte eine der schönsten ist" (S. 205).

Mehrere Erzählperspektiven

Der Roman besitzt mehrere Erzählebenen (vgl. 3. Aufbau, Abb. auf S. 58), die trotz der räumlichen Distanz der Figuren miteinander verwoben sind: Veit Kolbe ist die **erste Erzählstimme**, er ist der Erzähler in seinen Tagebucheinträgen. In Mondsee lernt er Margot kennen, deren Mutter die **zweite Erzählstimme** ist: Sie schreibt aus Darmstadt Briefe an ihre Tochter Margot.

Veit lernt dort außerdem das Mädchen Annemarie Schaller aus Wien kennen, die sich im Zuge der „erweiterten Kinderlandverschickung" in Mondsee aufhält. Ihr Cousin und Freund, Kurt Ritler, ist die **dritte Erzählstimme** in seinen Briefen an Annemarie; das Treffen von Veit und Kurt in Hainburg am Ende des Romans wird sowohl im Tagebuch Veits als auch in einem Brief Kurt aus der Perspektive des jeweiligen Erzählers wiedergegeben.

Die **vierte Erzählstimme** gehört dem Juden Oskar Meyer, der von Wien nach Budapest flüchtet und sich schließlich freiwillig zum Arbeitsdienst meldet; auf dem Rückweg von Hainburg begegnet Veit einem Trupp von Zwangsarbeitern, die mühevoll Schützengräben ausheben, Veit fällt ein Mann auf, der ein buntes Halstuch trägt – offenkundig ist es Oskar Meyer, ohne dass der Name genannt wird.

Am Ende offenbart sich als **fünfte Erzählstimme** schließlich noch ein extradiegetischer Erzähler, der aber auch nicht nullfokalisiert ist und einräumen muss, bestimmte Informationen nicht zu haben. Die intradiegetisch-autodiegetischen Erzähler in den gesammelten Briefen bzw. Tagebucheinträgen sind Veit Kolbe, Margots Mutter, Oskar Meyer, Kurt Ritler.

Als Grund für die Entscheidung, verschiedene Erzählebenen zu wählen, nennt Geiger, dass er auf diese Weise ein umfassendes, ein „dreidimensionales" Bild der Wirklichkeit erzeugen möchte:

Verschiedene Erzählperspektiven können Komplexität der Wirklichkeit abbilden

„Ach, ich möchte immer ein dreidimensionales Bild von der Welt bekommen, und der Blick aus nur einem Fenster, den finde ich nicht so spannend wie den Blick aus sehr unterschiedlichen Fenstern. Und dann kommen so perspektivische Brechungen auch, manches relativiert das andere. Es gibt zu meiner Überraschung sehr wenige Gesellschaftsromane über die Zeit des Dritten Reiches. Meistens ist ein Aspekt herausgegriffen, ein kleiner, aber so ein komplexes gesellschaftliches Bild jetzt hier im Hinterland, ganz durchschnittliche Menschen, wo jetzt nicht Schafe und Böcke streng geschieden sind, ist keine Täter-Opfer-Konstellation. Das hat mich interessiert."[11]

Wortwahl, Stil und Sprache

Annäherung an Figuren durch Sprache

Die Erzähler verwenden überwiegend **Alltagssprache**. Es gelingt Arno Geiger, Inhalt und Stil den jeweiligen Figuren anzupassen: In den Briefen Kurts liest man die Gedanken eines Adoleszenten (vgl. 5. Materialien, S. 116 f.), der seine Freundin beispielsweise an den ersten Kuss erinnert; die Briefe von Oskar Meyer sind voller Sorge um das Leben seiner Familie. Diese Fähigkeit Geigers, sich seine Figuren durch Annäherung sprachlich zu eigen zu machen, wird von der Kritik hervorgehoben. In der Laudatio zur Verleihung des Joseph-Breitbach-Preises charakterisiert Franz Haas den Erzählstil Geigers:

---

11 Gerk, Andrea: *„Jede Figur hat das Recht auf Atem und Pulsschlag". Gespräch mit Arno Geiger.*

„Der Duden definiert ‚anverwandeln' mit ‚sich zu eigen machen' und gibt als Synonyme an ‚aufnehmen, adoptieren, verinnerlichen'. Genau das macht Arno Geiger mit seinen literarischen Charakteren, er steht nicht über, sondern neben ihnen. Er sagt, er wolle ‚die Figuren nicht vorführen, als wären sie meine Patienten'.

„Sich-Einleben in eine fremde Menschenhaut"

Von Buch zu Buch gelingt ihm dieses Sich-Einleben in eine fremde Menschenhaut immer wieder. Besonders verblüffend ist dies bei den weiblichen Figuren seines Werkes – und das sagen nicht nur Leserinnen. Von Jahr zu Jahr arbeitet er auch an seinem Stil, mit stiller Beharrlichkeit und Kunstverstand, um (auch das ist eine Selbstaussage) ‚entspannt in einer schlichten und doch eleganten Alltagssprache zu schreiben'. Und er befolgt damit (zumindest scheinbar) die Weisung des Sprichworts ‚Lerne die Zauberei, aber benutze sie nicht'.

In die Haut von Figuren zu schlüpfen und in einer scheinbar leichten Sprache zu schreiben, die ‚an der Oberfläche durchaus unterhaltsam' ist, darin liegt ein Teil der unsichtbaren Zauberei von Arno Geiger."[12]

Zentrales Symbol: die Drachenwand

Das zentrale Symbol des Romans, das bereits im Titel verwendet wird, ist **die Drachenwand**, die sich am Westufer des Mondsees in den Nördlichen Kalkalpen rund 1000 Meter in die Höhe reckt. Die in der Realität durchaus imposante Felswand wird im Roman fast immer **personalisiert** („Unbeeindruckt standen Schafberg und Drachenwand an ihrem Platz", S. 180) und im sprachlichen Bild häufig **mit Tod und Bedrohlichkeit assoziiert**, Beispiele für diese Verwendung sind:

---

12 Haas, Franz: *Laudatio. Der stille Anverwandlungskünstler*, S. 6.

- „Der mächtige Felsenschädel der Drachenwand stand grau im Schönwetterdunst“ (S. 165),
- „Die Drachenwand schaute schroff herüber“ (S. 213),
- „Felsenschädel der Drachenwand“ (S. 354),
- „ein über die klirrenden Wälder gereckter Schädel, der mit leeren Augen auf die Landschaft herabstierte“ (S. 475).

Die historische Situation lässt es zu, die Wahl des Drachen-Motivs auch als Verweis auf den **Drachen in der Nibelungensage** zu verstehen; die germanische Mythologie wurde während der nationalsozialistischen Diktatur im Sinne der herrschenden Ideologie instrumentalisiert.

Für Arno Geiger stellt die Drachenwand ganz grundsätzlich das Ungewisse und Nicht-Planbare im menschlichen Leben dar: „Wir leben alle unter der Drachenwand – die Drachenwand, das ist **das Ungewisse, das Bedrohliche, die Zwangssituation**. Wir sind alle viel mehr von äußeren Zwängen bestimmt, als uns das recht sein kann.“[13]

Formales Gestaltungsmerkmal: der Schrägstrich

Ein auffälliges Gestaltungsmerkmal sind die diagonalen Striche, die in der deutschen Orthografie keine definierte Funktion haben. Arno Geiger begründet die Verwendung damit, dass ein Schrägstrich andeute, dass hier eine **gedankliche Pause** geschaffen werden soll, die länger ist, als sie durch einen Punkt vorgegeben würde, und die kürzer ist, als wenn sie sich zwischen zwei Absätzen befände: „Ich wollte ein zusätzliches formales Gestaltungselement [...]. Irgendwie auch in dem Wunsch zunächst einmal, dass ich so diese ganz konventionelle Romanform wenigstens in einem Detail breche, um zu signalisieren, für mich ist das mehr als einfach nur ein Roman.“[14]

---

13 Bereuter, Zita: *„Der Liebesroman ist der wahre Antikriegsroman“. Interview mit Arno Geiger.*
14 Gerk, Andrea: *„Jede Figur hat das Recht auf Atem und Pulsschlag“. Gespräch mit Arno Geiger.*

Nanni „schaute versonnen auf die im Südwesten schauerlich herabstürzenden Felsen" (S. 64)
© picture alliance / Westend61

Schreibhaltungen der Figuren

Während die Schreibhaltungen von Margots Mutter, Kurt Ritler und Oskar Meyer die **unmittelbare Betroffenheit** durch die Geschehnisse ausdrücken, ist die Schreibhaltung Veits oft durch eine **ironische Distanzierung** gekennzeichnet. So bezeichnet er die Wehrmacht als „Dienstgeber" (z. B. S. 171), mit einem Begriff also, der analog zu dem Terminus „Arbeitgeber" eher ein Beschäftigungsverhältnis beschreibt und den Hinweis auf den Krieg außen vorlässt. Den „Führer und Reichskanzler" Adolf Hitler kürzt er stets mit „F." ab. Ironie ist das wichtigste Mittel zur Äußerung von Kritik: So schreibt Veit über die im angeschlossenen Österreich stattfindenden Feiernanlässlich Hitlers Geburtstag: „Auch zu diesem Anlass musste die auf dem Mond befindliche Kolonie dem Mutterland huldigen“ (S. 170).

Auch mit **Sarkasmus** kritisiert er, wenn er beispielsweise feststellt, dass sein Dienstgeber seit Stalingrad „mehrfach um ganze Armeen erleichtert worden“ (S. 192) ist oder wenn er bekräftigt, dass das Regime gewillt ist, eher das ganze Volk in den Untergang zu ziehen als einen vernünftigen Waffenstillstand abzuschließen:

> „An der Ostfront – Mitte – war die erwartete große Offensive im Gang, und weil es nicht aussah, als könnte mein Dienstgeber auch nur stellenweise die Oberhand behalten, war leicht abzusehen, wie der Krieg weitergehen würde. Doch aufhören? Das wäre total gegen den Stil des Hauses gewesen.“ (S. 289)

„Stil des Hauses“ öffnet den Assoziationsraum in den ästhetischen Bereich hinein und konfrontiert auf diese Weise die Kunst mit dem Schrecken der Kriegsrealität. Ein letztes Beispiel sei für die ironische Verwendung von Sprache angeführt: Veit kommentiert die in Reih und Glied zur Beerdigung kommende Mädchengruppe mit der Bemerkung, sie führten „die Fortschritte bei der Kinderdressur“ (S. 324) vor. Mit diesen ironischen bzw. sarkastischen Äußerungen bezeugt Veit die gedankliche Nähe zum Brasilianer; Veit aber ist so vorsichtig, dass er diese Gedanken nur seinem Tagebuch anvertraut, während der Brasilianer sie öffentlich äußert.

3.7 Interpretationsansätze

ZUSAMMEN-FASSUNG

Unter der Drachenwand lässt sich als ein Antikriegsroman deuten, in dem es darum geht, die unmenschlichen Folgen eines Krieges und einer Diktatur in den privaten Beziehungen zwischen Menschen und in deren Alltag nachvollziehbar zu machen. Durch diesen Alltag werden Ansätze einer humanen Gegenwelt erahnbar.

Krieg ist in Erinnerung und Alltag allgegenwärtig

Der Roman lässt sich als ein Antikriegsroman lesen. Im Unterschied zu anderen Vertretern des Genres wie z. B. *Im Westen nichts Neues* von Erich Maria Remarque ist er weniger an Szenen direkter kriegerischer Handlung interessiert, aber Kriegsszenen sind in den Erinnerungen Veits präsent und beeinflussen als posttraumatische Belastungsstörung seinen Alltag (Panikzustände).

Auswirkungen des Krieges in den verschiedenen Orten der Handlung

Der Roman interessiert sich dafür, auf welche Weise der Krieg sich auf das alltägliche Leben der Menschen auswirkt. **Die geografischen Orte**, an denen die vier Ich-Erzähler leben, **sind auf jeweils unterschiedliche Weise vom Krieg getroffen**: In **Mondsee** ist der Alltag ruhig und fast unberührt von kriegerischen Handlungen; über Mondsee befindet sich das Einfluggebiet der alliierten Bomberstaffeln auf ihrem Weg nach Wien oder ins Deutsche Reich. Im Gegensatz zum beschaulichen Leben in Mondsee wird **Darmstadt**, der Wohnort von Margots Eltern, besonders stark vom Krieg betroffen, der Luftangriff der britischen Luftwaffe vom September 1944 zerstörte fast 80 % der Stadt. Aus den Briefen von Margots Mutter wird deutlich, wie die Menschen in dieser schwierigen Situation versuchten, das Überleben zu sichern. Auch **Wien** wird im Jahre 1944 durch Luftangriffe bedroht, Kurt schildert aus der Perspektive eines jungen Mannes, der selbst noch zum „Volkssturm" eingezogen wird, wie Zivilisten zum Kriegsende hin noch gezwungen wurden, an Kampfhandlungen teilzunehmen. Oskar Meyer schließlich gibt einen Einblick in das Martyrium, das Juden seit 1939 durchlitten, indem sie fortgesetzt entrechtet, vertrieben und gefangen wurden, seine Schilderungen belegen, wie sich die Einschränkung im Alltag allmählich steigerten. Durch seine Flucht nach **Budapest** gelingt es ihm, seine Familie zunächst in Sicherheit zu bringen; zum Ende des Krieges hin wird die Lage für Juden auch in Budapest lebensgefährlich. Alle Erzähler versuchen, sich an die widrigen, teilweise lebensfeindlichen Umstände anzupassen und ihren Alltag zu leben.

Erschaffung einer fiktionalen Welt nach Maßgabe historischer Realität

Wie Walter Kempowski in *Das Echolot*-Projekt[15] nimmt Geiger **Originaldokumente aus der Zeit als Grundlage seines Romans**. Anders als Kempowski, der im *Echolot* eine Vielzahl von Originaldokumenten unterschiedlicher Provenienz überwiegend kommentarlos aneinanderreiht, benutzt Geiger die Dokumente zur Erschaffung einer fiktionalen Welt, die zwar keinen dokumentarischen Anspruch erheben kann, die aber dennoch nach Maßgabe der historischen Realität sich so zugetragen haben könnte. Geiger geht es nicht so sehr um die wahrheitsgetreue Darstellung einer historischen gesellschaftlichen Situation als vielmehr um das Individuum und dessen eigene Geschichte:

Literatur gibt der Geschichte das Private zurück

> „Historischer und gesellschaftlicher Kontext sind zwar präsent, aber die Literatur sollte doch in erster Linie ein Freund des Individuums sein. Für den gesellschaftlichen Kontext ist die Geschichtsschreibung zuständig. Die Literatur individualisiert das und gibt, wenn man so will, der Geschichte das Private, das

---

15 Kempowski, Walter: *Das Echolot. Ein kollektives Tagebuch. Januar und Februar 1943.*

> Individuelle und das Zufällige zurück. Der Schriftsteller, so wie ich ihn in seiner Arbeit verstehe, bricht eine Lanze für das Individuum in seiner Einzigartigkeit. Er gibt ihm eine ganz eigene Geschichte, die zwar vor dem Hintergrund der allgemeinen Geschichte stattfindet, aber dennoch bleibt, was sie ist: eine ganz eigene Geschichte."[16]

Geiger erzählt die individuellen Geschichten anhand des Alltags, den seine Figuren trotz aller Beschwerlichkeiten bewältigen müssen, er verwendet die realen Dokumente zur Schaffung einer fiktionalen, einer erzählten Welt. Kempowskis Auswahl aus Gebrauchstexten dagegen – er versammelt im *Echolot* beispielsweise das Klassenbuch einer Gymnasialklasse, das Notizbuch Heinrich Himmlers, Briefe von Soldaten, von Politikern und Schriftstellern, Auszüge aus einem Geburtenregister, Urteile des Volksgerichtshofs – erzählen zwar ebenfalls vom Alltag und charakterisieren die Urheber der Texte, sie dienen dem Autor-Sammler aber nicht zur Schaffung einer Fiktion. Für Geiger ist die Fiktion des Alltags das, was die Figuren charakterisiert: „Von diesem Alltag möchte ich erzählen, und zwar so, dass die Leser den Wert und die Bedeutung des Alltags in den Schilderungen erkennen können. Er ist das, was unser Leben ausmacht."[17]

Geigers Figuren sind differenzierte, nicht eindimensionale Charaktere

Geiger gestaltet seine **Figuren mit differenzierten Charakteren**, sie sind keine Typen, sondern oftmals weder eindeutig „gut" noch eindeutig „böse": So wird beispielsweise Max Dohm als dominanter und brutaler Mann dargestellt, als er sich von Veit verabschiedet, offenbart er allerdings Selbstkritik und ein Eingeständnis eigener

---

16 Hart, Maribel; Wolter, Alexander: *Der Schwamm ist leer, jedenfalls dort, wo man gedrückt hat. Werkstattgespräch mit Arno Geiger*, S. 35 f.

17 Ebd.

Schwäche, wenn er um Nachsicht für seine Frau und um Entschuldigung für seine eigene Erregbarkeit nachsucht; er wünscht sich zudem, dass Veit auf seine Frau aufpassen möge (vgl. S. 343). Selbst Veit, der jugendliche Ich-Erzähler, dem die Sympathie des Lesers gehört, der sich kritisch zum System und zum Krieg positioniert und der sich nichts sehnlicher als ein normales Leben wünscht, lädt durch den Ehebruch und den Mord an seinem Onkel Schuld auf sich, zudem bekennt er, dass er als Abiturient kriegsbegeistert war. Geiger konzipiert seine Figuren somit „vielstimmig", das ist ein poetologischer Grundsatz, den er mit seiner Ablehnung von Totalität begründet:

> „Ich glaube, es beschützt einen, wenn man auf der Hut ist. Überzeugtheit behindert das Denken. Warum noch nachdenken, wenn ich schon überzeugt bin. Deshalb mag ich keine Hundertprozentigen, egal wo sie stehen. Alles Totale ist mir verdächtig. Und so sind meine Figuren keine Hundertprozentigen, sondern Graue, Ausdruck davon, dass auch ich mir nicht sicher bin.
> Bloß nicht sitzen bleiben, auch beim Schreiben, auch beim Gestalten von Charakteren. Wer zu lange sitzen bleibt, setzt sich fest, und wer sich festsetzt, wird versessen. Wer von seiner Versessenheit nicht loskommt, wird zum Besessenen. Die Beharrlichkeit der Wörter ist erstaunlich. Extremisten sind besessen, sie kennen nur Schwarz und Weiß, sie weigern sich, die Welt aus einer anderen Perspektive zu betrachten als der eigenen. Deshalb meine Vorliebe für Vielstimmigkeit in Romanen. Deshalb meine Vorliebe für gemischte Charaktere."[18]

---

18 Geiger, Arno: *Unwiderlegbar ist die Gestalt. Dankrede zur Verleihung des Joseph-Breitbach-Preises*, S. 19.

Die Abkehr vom eindimensionalen Blick ist für Geiger die **Aufgabe von Kunst im Allgemeinen**: Vielgestalt und Widersprüchlichkeit seien anthropologische Konstanten, die er versuche zu verdeutlichen:

Sichtbarmachung des Menschen in seiner Vielgestalt und Widersprüchlichkeit

> „Kunst bewahrt den Menschen nicht vor dem Chaos, sondern vor der Ordnung. Kunst bewahrt das Individuum vor dem eindimensionalen Blick. Einzigartig ist der Mensch nicht auf einfache, sondern auf komplizierte Art. Wie schon gesagt, alles, was lebt, ist in Bewegung, ist veränderlich, kann nicht festgelegt werden. Meine Bücher versuchen, den Menschen in seiner Vielgestalt und Widersprüchlichkeit sichtbar zu machen.“[19]

Der Mensch lebt in permanenter Gefährdung seiner Bezugs- und Identifikationspunkte

Arno Geigers Konzeption der Charaktere drückt seine **antitotalitäre Grundhaltung** aus. Nach seinem Verständnis lebt der moderne Mensch ohne unhinterfragte, sichere Bezugspunkte, alles kann sich jederzeit verändern, und obgleich soziale Bindungen das stabilisierende „Gerüst“ des menschlichen Lebens sind, sind auch diese Bindungen permanent gefährdet. Geiger bezeichnet diesen Zustand als „Geworfenheit“:

> „Ich versuche, die Geworfenheit des Menschen und seine ständig gefährdete soziale Position in meinen Erzählungen darzustellen. Ich schreibe keine Idyllen. Durch den Wegfall von Identifikationsmöglichkeiten im 20. Jahrhundert, egal ob das die Religion, die Heimat oder die Familie betrifft, wird der Mensch auf seine sozialen Bindungen zurückgeworfen, die ebenfalls ständig gefährdet sind. Dieses zwanghafte Pendeln zwischen all den drohenden

---

19 Ebd., S. 21.

> Verlusten und Konflikten prägt unser Alltagsleben ganz stark, und das versuche ich in meinen Geschichten zu spiegeln."[20]

Leitsymbol der Bedrohung und des Ungewissen: die Drachenwand

Die Hauptfiguren des Romans erleben den **Krieg als massive Bedrohung**: „Die Darstellung der Verdinglichung des Lebens, der Entwertung der Mitmenschen und der zunehmenden Brutalität in zwischenmenschlichen Beziehungen [...] beleuchten in immer neuen Facetten die Aggression als lebensnegierendes Ritual der modernen Massengesellschaft."[21] **Leitsymbol** für diese Bedrohung, für das Ungewisse **ist die Drachenwand**, die durch die entsprechende Personalisierung immer wieder mit Tod und Vernichtung assoziiert wird. Die Inhumanität der Kriegssituation, die systembedingte Entmenschlichung, die bereits im Elternhaus beginnt, wird von Veit immer wieder beschrieben, am eindrücklichsten an der Stelle, an der Veit die Erziehungsmethode seines Vaters kritisiert:

Systembedingte Entmenschlichung und Inhumanität der Kriegssituation

> „Die Kindheit ist wie ein Holz, in das Nägel geschlagen werden. Die guten Nägel sind die, die nur so tief im Holz stecken, dass sie halten, sie beschützen einen wie Stacheln. Oder man kann später etwas daran aufhängen. Oder man kann die Nägel herausziehen und wegwerfen. Schlecht sind die ins Holz gedroschenen Nägel, deren Köpfe tiefer liegen als die Oberfläche des Holzes, man sieht gar nicht, dass dort etwas Hartes ist, ein vor sich hinrostender Fremdkörper. / Papa hatte die Nägel immer ganz fest ins Holz gedroschen durch ständiges Hämmern auf immer dieselben Stellen. Und dafür erwartete er sich jetzt ein Höchstmaß an Dankbarkeit. / Es gibt bei mir eine gewisse Anhänglichkeit

---

20 Hart, Maribel; Wolter, Alexander: *Der Schwamm ist leer, jedenfalls dort, wo man gedrückt hat. Werkstattgespräch mit Arno Geiger*, S. 30.

21 Daemmrich, Horst S.; Daemmrich, Ingrid G.: *Themen und Motive in der Literatur*, S. 24.

an meine Kindheit, und deshalb respektiere ich meinen Vater. Und doch habe ich mit den Jahren eingesehen, dass *Standhaftigkeit* und *Konsequenz*, um zwei seiner Lieblingswörter zu benutzen, finstere Seiten besitzen. Mit Wörtern wie *Standhaftigkeit* und *Konsequenz* hatte mir Papa meine Kindheit verdorben. Und die Jugend und das junge Erwachsenenalter hatten mir andere verdorben, aber mit denselben Wörtern." (S. 437)

„Standhaftigkeit" und „Konsequenz" werden in einem absoluten Verständnis und ohne ethische Relativierung zu inhumanen Verhaltensnormen, die auch einen „totalen Krieg" möglich machen. Insofern folgert Veit zutreffend, dass die Vorbereitung auf den Krieg in der Familie beginnt: „Was die Familie an Persönlichkeitszerstörung anfängt, setzt der Krieg fort" (S. 437). Diese Erkenntnis reifte in ihm offenkundig erst in den Kriegsjahren, denn anfangs war er durchaus noch begeistert von der Aussicht, in den Krieg zu ziehen. Der Grund für diese Begeisterung ist die ständige Manipulation der Jugend nicht nur durch die Eltern, sondern auch durch die NS-Jugendorganisationen, mit deren Hilfe die Partei „ihren Lebensraum in die Köpfe der Kinder auszudehnen" (S. 172) vermochte. Im Jahre 1944 kommt Veit rückblickend zu der Einschätzung: „Damals hatte ich nicht geahnt, wie teuer mich das Militär zu stehen kommen wird" (S. 426). Veit hält die fünf im Krieg verbrachten Jahre für „pulverisierte Jahre" (vgl. S. 139) und für eine verlorene Zeit.

Geborgenheit, Familie und Liebe geben Halt in haltloser Gegenwart

In dieser „Geworfenheit", in der Gegenwart ständiger Bedrohung spielen vor allem Liebesbeziehungen eine wichtige Rolle. Zwei der vier Ich-Erzähler sind Eltern (Margots Mutter und Oskar Meyer), die die Sorge um ihre Kinder umtreibt; die beiden anderen Ich-Erzähler sind junge Männer (Veit Kolbe, Kurt Ritler), die auch über ihre Liebesbeziehungen schreiben. Oskar Meyer und Kurt Ritler werden Opfer des Krieges bzw. der nationalsozialistischen

Judenvernichtung, Veit Kolbes Verhältnis zu Margot überdauert den Krieg und mündet in eine lebenslange Bindung. Warum die einen gerettet werden, während die anderen sterben müssen, wird nicht erörtert.

Die differenzierte Charakterzeichnung und die **Thematisierung von Liebe** sind ein Ausdruck von Geigers Ablehnung einer einzigen, allgemein gültigen Wahrheit: „Jede Art von Fundamentalismus oder Radikalismus entsteht dadurch, dass nur die eigene Sicht auf die Welt zählt und als allgemein gültige Wahrheit verstanden wird. Das ist Alltag."[22]

Das Potenzial des Schreibens

Verständlich werden diese konzeptionellen Überlegungen auch vor dem Hintergrund seines poetologischen Verständnisses: Geiger versteht **das Erzählen als epistemischen Prozess**, also als einen Prozess, in dem der Autor etwas lernt, in dem er neue Erfahrungen sammelt: „Mitten im Schreiben lerne ich, wie ich schreiben muss. Mitten im Schreiben lerne ich, wie ich leben muss. Im Schreiben vollzieht sich bei mir das vorhin erwähnte Innehalten, in dem Erfahrung sich zur Einsicht vertieft."[23] Der Grund für dieses Potenzial des Schreibens besteht darin, dass der Gegenstand des Schreibens nicht Ergebnisse, sondern die Wege zu den Ergebnissen, die Vorgänge, sind: „Erzählen hat nicht Ergebnisse zum Gegenstand, sondern Ereignisse. Ich schreibe nicht über Zustände, sondern über Vorgänge, innere und äußere, darauf vertrauend, dass das Erzählen ein besseres Verständnis dieser Vorgänge ermöglicht."[24]

Darüber hinaus kann das Erzählen eine therapeutische Wirkung entfalten, die darin besteht, Vorgänge zu verlangsamen, was dem

22 Hart, Maribel; Wolter, Alexander: *Der Schwamm ist leer, jedenfalls dort, wo man gedrückt hat. Werkstattgespräch mit Arno Geiger*, S. 24.

23 Geiger, Arno: *Unwiderlegbar ist die Gestalt. Dankrede zur Verleihung des Joseph-Breitbach-Preises*, S. 17.

24 Ebd., S. 18.

Betrachtenden die Möglichkeit gibt, sich in aller Ruhe ein Bild zu machen:

> „**Gerk:** […] Warum ist das so häufig so, dass das Erzählen oder das Formulieren etwas Heilsames hat?
> **Geiger:** Weil es etwas Verlangsamendes hat. Also beim Schreiben denke ich über die Welt nach, über mich selber, wo stehe ich, was ist mir widerfahren. Der Krieg hat eine unglaublich mobile Gesellschaft erzeugt, also alle Familien waren auseinandergerissen, und damals war das auch eine ganz natürliche Form der Kommunikation, das Schreiben. Und es hat so was Momenthaftes. Ich wollte den Roman ja nicht retrospektiv erzählen, aus der Sicht von heute, sondern ich wollte in die Figuren hineingehen, so als Kosmonaut des Innenraums, wie Burt Chester es nennt, und wollte das formal irgendwie lösen und habe mich dazu entschieden, dieses unmittelbare Erzählen den Figuren zuzuspielen, dass sie das erzählen, im Moment, wie es ihnen geht, wie sie das erleben.“[25]

Schreiben als natürliche Form der Kommunikation, als Momentaufnahme

Geiger sieht sich als einen neugierigen Beobachter seiner Figuren, denen er möglichst nahe kommen will, in deren Dienst er sich sogar stellen will, um ihre Ängste und Schmerzen nachvollziehen zu können. Er interessiert sich für die grundlegenden Bedingungen des Mensch-Seins. Er erhebt dabei nicht den Anspruch, Unterhaltungsliteratur zu schreiben; Literatur soll im Gegenteil beunruhigen: „Und was beunruhigt, hat, wie ich finde, Potenzial.“[26] Literatur nivelliert Komplexität und Widersprüchlichkeit nicht, sondern

Schreiben als Abbild der Komplexität von Gesellschaft

---

25 Gerk, Andrea: *„Jede Figur hat das Recht auf Atem und Pulsschlag". Gespräch mit Arno Geiger*. Vgl. einen weiteren Auszug des Interviews in 5. Materialien, S. 117 f.

26 Hart, Maribel; Wolter, Alexander: *Der Schwamm ist leer, jedenfalls dort, wo man gedrückt hat. Werkstattgespräch mit Arno Geiger*, S. 14.

thematisiert und hält aus: „Ich schreibe ja nicht zur puren Unterhaltung der Leser. Ich schreibe immer auch über die Komplexität unserer Gesellschaft, die Komplexität von Gefühlen und über unterschiedliche Formen von Abhängigkeit."[27] Die Texte entfalten im Rezeptionsvorgang des späteren Lesers ihre Eigenständigkeit, Geiger reklamiert keine absolute Deutungshoheit – auch hier zeigt sich wieder seine antitotalitäre Grundeinstellung:

> „Literatur sollte für Interpretationen offen sein. Das, was ich schreibe, muss sich da draußen selbst behaupten. Die Texte müssen halt schauen, wie sie zurechtkommen. Ich kann ihnen zwar noch etwas hinterherschreien, aber das bringt letztendlich nichts. Wenn man mich direkt darauf anspricht, dann gebe ich meine eigene Interpretation schon preis, aber das immer mit dem Vermerk, dass ich auch nicht die Deutungshoheit besitze."[28]

---

27 Ebd., S. 24.
28 Ebd., S. 14.

4. REZEPTIONSGESCHICHTE

ZUSAMMEN-FASSUNG

Der Roman *Unter der Drachenwand* erfuhr in den Kritiken eine positive Resonanz und wurde für den Deutschen Buchpreis nominiert sowie mit dem Joseph-Breitbach-Preis ausgezeichnet. Hervorgehoben wurde Geigers einfühlende Darstellung der Figuren und deren Kriegserfahrungen.

Der Roman wurde überaus positiv aufgenommen, für seinen Laudator anlässlich der Verleihung des Joseph-Breitbach-Preises ist es das gelungenste Werk des Schriftstellers:

> „Nachdem ich das Typoskript gelesen hatte, rief ich Arno Geiger an und sagte, ich sei noch zu erschlagen von der Lektüre, um mich zu äußern, aber sicher sei das sein bestes Werk, er habe damit alles Bisherige übertroffen.“[29]

Der Joseph-Breitbach-Preis, den der Autor noch im Erscheinungsjahr des Romans 2018 erhielt, ist einer der wichtigsten deutschen Literaturpreise; begründet wurde die Preisverleihung mit „Arno Geigers Meisterschaft der Anverwandlung“[30], wie er sie in den explizit genannten Romanen *Es geht uns gut* und *Unter der Drachenwand* sowie in seiner Vaterbiografie *Der alte König in seinem Exil* unter Beweis gestellt hat. *Unter der Drachenwand* wurde 2018 auch für den Deutschen Buchpreis nominiert, im Jahre 2019 erhielt das Buch den Literaturpreis der Stadt Bremen sowie den niederländischen

---

29 Haas, Franz: *Laudatio. Der stille Anverwandlungskünstler*, S. 12.
30 Ebd., S. 5.

Literaturpreis „Europeese Literatuurprijs“ für die niederländische Übersetzung.

Einhellig lobende Kritiken

Überblickt man die Rezensionen[31], so fällt auf, dass die Literaturkritik sich einhellig lobend über den Roman äußert. In dem Lob wird hervorgehoben, dass es Geiger gelinge, den Lesern die Figuren und deren Kriegserfahrungen nahezubringen; verantwortlich dafür seien die Empathie des Autors und dessen feinfühlige Darstellung.[32] Geier mache die „Absurdität“[33] und das „fundamental Tödliche(), Sinnlose(), Verrohende() des Krieges“[34] deutlich. Seine Mischung aus Distanz und Empathie verzichte auf jegliche Belehrung und lasse dem Leser bei aller stofflichen Fülle genügend Luft zum Atmen.[35]

Beklemmendes Nebeneinander vom Untergang der Gesellschaft und Beharrungswillen des Individuums

Andreas Platthaus vergleicht Geiger in der *Frankfurter Allgemeinen Zeitung* mit Arno Schmidt:

> „Und wenn es Geiger als 1968 geborenem Autor derart grandios gelingt, das beklemmende Nebeneinander von Untergang der Gesellschaft und Beharrungswillen des Individuums zu beschreiben, dass man sich an den Kriegszeitzeugen Arno Schmidt erinnert fühlt, dann zeigt das einmal mehr, über was für ein literarisches Vermögen dieser Schriftsteller verfügt.“[36]

In *Die Zeit* bewundert Iris Radisch die Sprache Geigers als „makellos entschlackte() und nur hauchdünn mit einer Prise zeittypischer Umstandskrämerei überzuckerte() Prosa“[37]. Sie richtet den Fokus

---

31 Vgl. dazu auch die Auswahl in 5. Materialien ab S. 121 dieser Erläuterung.

32 Vgl. Knipphals, Dirk: *Wie allein kann man sein? Arno Geigers „Unter der Drachenwand“*; vgl. auch Radisch, Iris: *Stimmen des Krieges*.

33 Feßmann, Meike: *In der Schutzblase*.

34 Sternburg, Judith von: *So muss sich das damals angefühlt haben*.

35 Jandl, Paul: *Die Firma Blut und Boden ist geschäftstüchtig*.

36 Platthaus, Andreas: *Keine Hoffnung ohne Horror*.

37 Radisch, Iris: *Stimmen des Krieges*.

auch auf die Generation der Eltern und Großeltern und fragt: „Wie haben unsere Eltern und Großeltern das alles aushalten können, ohne seelisch zu zerbrechen?“[38]. Klaus Zeyringer betont in *Der Standard*, dass alle Hauptfiguren des Romans durch das Gefühl der Aussichtlosigkeit, aber auch der Liebe verbunden sind[39]; auch Dietmar Jacobsen betont diese „menschliche Dimension“[40].

---

38 Ebd.
39 Zeyringer, Klaus: *Arno Geiger: Die Notwendigkeit, sich zu erinnern.*
40 Jacobsen, Dietmar: *Ein leerer Raum, in dem das Leben verschwindet.*

5. MATERIALIEN

Definition „Roman"

Großform fiktionaler Erzählung in Prosa

„Großform der fiktionalen Erzählung in Prosa. Der R. unterscheidet sich durch die Prosaform vom antiken Epos; durch seinen fiktionalen Charakter von anderen erzählerischen Großformen wie der Autobiografie, der Biografie und der Geschichtsschreibung; und durch seinen Umfang von kleineren Erzählformen wie der Erzählung oder der Novelle. Mit der Großform einher geht eine Tendenz des R.s zur ‚epischen Breite', zur Darstellung eines Weltmodells, die er mit dem antiken Mythos teilt. Diese Totalität äußert sich auch in seiner außergewöhnlichen Integrationsfähigkeit: Der Roman kann die unterschiedlichsten Stoffe (z. B. Ritterroman, Schelmenroman, Künstlerroman, Großstadtroman, Kriminalroman), Themen (z. B. Liebesroman, Bildungsroman, Gesellschaftsroman), Diskurse (z. B. philosophischer R., historischer R.), Erzählverfahren (z. B. Briefroman, Tagebuchroman, Dialogroman) und Schreibweisen (z. B. satirischer R., empfindsamer R., fantastischer R.) aufnehmen."[41]

Definition „Krieg als literarisches Motiv"

Krieg als Quelle objektiv gegebener und subjektiv wahrgenommener Ereignisse

„1. Der Krieg ist eine Stoffquelle objektiv gegebener und subjektiv wahrgenommener Ereignisse, die künstlerisch in unterschiedlicher Form und Sinndeutung gestaltet werden. Obwohl einzelne lyrische Formen, beispielsweise Kampfgesänge und Landsknechts-, Klage- oder Trostlieder, direkt mit dem Kriegsgeschehen verknüpft sind, ist der Krieg nicht gattungsspezifisch. Dagegen lassen sich in allen Nationalliteraturen Reaktionen auf historisch belegbare Aus-

41 Braun, Manuel: Artikel „*Roman*", S. 658.

einandersetzungen nachweisen. Der Krieg gab Anlass zu Meisterwerken der Weltliteratur (Grimmelshausen, Tolstoi, Hemingway), zu in nahezu alle Sprachen übersetzte und verfilmte Darstellungen (Remarque; Margaret Mitchel, *Gone with the wind*, 1936), zu Gestaltungen, in denen andere Primärthemen den Krieg aufnehmen (Wilhelm Raabe, *Das Odfeld*, 1888; *Hastenbeck*, 1899), und einer ideologisch gefärbten Kriegsdichtung. [...]

Deutungsmuster des Themas Krieg

2. In der Thematisierung des Krieges zeichnen sich drei markante Deutungsmuster ab. (1) Texte rufen zur nationalen Erhebung auf, verherrlichen den Krieg und appellieren an die Vaterlandstreue und Opferbereitschaft. (2) Texte klagen die Dehumanisierung im Gefolge des Krieges an; sie wenden sich an das menschliche Gewissen und die Vernunft mit der Forderung, dass die Kriegsfurie nie wieder entfesselt werden darf. (3) Im Gegensatz zu diesen stark ideologisch ausgerichteten Tendenzen stehen Versuche, die häufig unvereinbaren Erscheinungsformen eines Krieges objektiv zu erfassen. Diese Texte wollen dazu beitragen, die im Krieg zum Ausdruck kommende Krise der Menschheit geistig zu bewältigen."[42]

Definition „Liebe als literarisches Motiv"

Liebe als Grundlage sinnvoller Selbstverwirklichung

„Meister Eckhart sah in der Liebeserfahrung die einzig wahre Möglichkeit der Transzendenz der menschlichen Ich-Bezogenheit, und Pascal bezeichnete die Liebe als die schöpferische Kraft des Universums. Das Textelement (Motiv, Thema, Konfliktträger) erlaubt nahezu unbegrenzte Assoziations- und Kontrastbildungen. Die Skala reicht von erotischen Abenteuern bis zum Entwurf eines Ideals, das die Liebesbereitschaft zur Grundlage jeder sinnvollen Selbstverwirklichung macht. Die Liebe setzt grundsätzlich jede

---

42 Daemmrich, Horst S.; Daemmrich, Ingrid G.: Artikel „*Krieg*", S. 228.

Figur in Bewegung. Sie löst Personen aus ihrer Selbstbezogenheit, vermittelt die Erfahrung der Gefühlserweiterung und leitet Auseinandersetzungen mit der Umwelt ein. Die Liebe kann einerseits in der Bestimmung als Nächstenliebe ein christliches Gebot erfüllen, andererseits in der Verhaftung im Sinnlichen die volle Entfaltung menschlicher Anlagen beeinträchtigen (Eros). Zahlreiche Texte entwickeln durch die Gegenüberstellung von leidenschaftlicher Liebe und idealer Liebesempfindung starke Spannungen im Handlungsgeschehen. In Darstellungen des menschlichen Reifens und der Selbstverwirklichung bildet die Liebeserfahrung ein wesentliches Element im Prozess der Persönlichkeitsentfaltung. Die Liebe kann außerdem zum zentralen Anliegen eines Textes werden und, wie beispielsweise im Liebesgruß und den Liebesbriefen der Dialogromane, die Organisation der Werke maßgebend beeinflussen."[43]

Definition „Adoleszenzliteratur"

„Adoleszenzliteratur, [lat. *adulescentia* = Jugend], Texte, in denen die physiologischen, psychologischen und soziologischen Aspekte des Heranwachsens, zumeist zwischen dem 12. und 18. Lebensjahr, thematisiert werden. Bereits im 18. Jh. treten mit Goethes *Die Leiden des jungen Werthers*, einzelnen Dramen des Sturm und Drang und Moritz' *Anton Reiser* Texte auf, in denen die Konsequenzen der Auflösung ständischer Vergesellschaftung und die Folgen für individualisierte Lebensläufe beschrieben werden: Generationskonflikte und Jungsein als selbstgestaltete Lebensphase mit Risiken wie Entwicklungspotentialen zugleich; Autobiografie und Bildungsroman greifen verwandte Probleme sozialen Wandels und kultureller Neudefinition von Lebensphasen auf. Eine deutliche Umakzentuierung

43 Daemmrich, Horst S.; Daemmrich, Ingrid G.: Artikel „*Liebe*", S. 246.

bringt die A. um 1900 mit Texten wie F. Wedekinds *Frühlings Erwachen*, H. Hesses *Unterm Rad* und R. Musils *Die Verwirrungen des Zöglings Törleß*. Die zumeist männlichen Protagonisten scheitern an den Anforderungen ihrer Erzieher, Jugend erscheint als Stadium fragiler Identität und einer von Elternhaus und Schule nur unzureichend berücksichtigten Krise; allenfalls die Freundschaft mit Gleichaltrigen bietet ein Refugium. Nach 1945 wird mit J. D. Salingers *The Catcher in the Rye* eine A. etabliert, die gegen die unbefragte Rollenzuweisungen und standardisierte Lebensläufe protestiert. Die moderne A., die vielfach der Jugendlit. (Kinder- und Jugendlit.) zugerechnet werden kann, kennt – auch am Beispiel weiblicher Protagonistinnen – radikalen Protest und ‚Ausstieg' (Plenzdorf *Die neuen Leiden des jungen W.*) ebenso wie die Entdramatisierung des Generationenkonflikts, die Normalisierung der Spannung zwischen individuellem Anspruch und sozialen Realitäten und eine Vielfalt von Subjektkonzeptionen. Jungsein wird als generationsübergreifender gesellschaftlicher Imperativ gezeigt, Sinnperspektiven und zielgerichtete Lebensplanung erweisen sich als Ausnahmen (Z. Jenny: *Das Blütenstaubzimmer*)."[44]

Nach 1945: Protest gegen Rollenzuweisungen

Auszüge aus Gesprächen mit Arno Geiger

Andrea Gerk: *„Jede Figur hat das Recht auf Atem und Pulsschlag"*

„**Gerk:** Sie haben auch, das darf man, glaube ich, verraten – in einer kurzen Nachbemerkung am Ende des Romans [...] noch biografische Angaben zu einigen der Romanfiguren [gemacht]. Gab es denn Vorbilder in der Realität für die Figuren?

Geiger: Ich würde es so sagen: Der Roman ist ein erfundenes Haus mit echten Türen und Fenstern, ja, teils, teils. Also ich hatte wie ge-

„Der Roman ist ein erfundenes Haus mit echten Türen und Fenstern"

44 Kolk, Rainer: Artikel *„Adoleszenzliteratur"*, S. 5 f.

sagt diese Korrespondenz des Lagers Schwarzindien, da war manches angedeutet, angelegt an Figuren, und es gibt Vorbilder, aber letztlich glaube ich, dass ich als Schriftsteller mir jeden Stoff immer aneignen muss – insofern als ich ihn mir neu erfinden muss. Aber ich finde, jede Romanfigur hat das Recht auf Atem und Pulsschlag und auf ein Leben, auch auf ein Leben danach.

Gerk: Aber ich nehme an, Sie haben schon viel mit historischen Dokumenten gearbeitet und viel recherchiert, oder? Weil das ist ja doch irgendwie eine sehr ferne Zeit jetzt, wir sind ja ein Jahrgang, für eine Generation wie uns, da muss man sich ja erst mal da so reinarbeiten.

„Wie könnte sich das angefühlt haben im fünften, sechsten Kriegsjahr zu leben"

Geiger: Ja, ich hab das zehn Jahre vorbereitet, den Roman. Das Lager Schwarzindien kommt ja schon in *Es geht uns gut* vor, für das ich damals den Deutschen Buchpreis bekommen habe, 2005. Aber das habe ich so lange mit mir herumgetragen und mich versucht anzunähern an das Konzept, an die Figuren, und habe eigentlich fast keine Sachbücher gelesen. Das interessiert mich nicht, wie das von heute aus gesehen wird, sondern ich wollte erzählen, was nur ein Roman erzählen kann, wie könnte sich das angefühlt haben im fünften, sechsten Kriegsjahr zu leben, also buchstäblich unter der Drachenwand, und habe O-Töne gelesen, Briefe, Tagebücher, Tausende Seiten. Das ist die Basis, das hat das Fundament geschaffen. Und dann tritt der Schriftsteller vor, und gelingen oder scheitern tut es dann dort, wo es eigentlich nicht mehr recherchierbar ist, in diesem emotionalen Raum, den ich aufreiße."[45]

---

45 Gerk, Andrea: *„Jede Figur hat das Recht auf Atem und Pulsschlag"*. *Gespräch mit Arno Geiger.*

Johannes Schröer: *Wie man aus dem Bett des Teufels herauskommt*

„Arno Geiger ist davon überzeugt, dass Weltvertrauen und Gottvertrauen zusammenhängen. In seinem Roman sagt ein katholischer Pfarrer 1944: ‚Unser Lebenskarren ist im Schlamm festgefahren. Rückwärts hängt sich der Teufel an. Wenn Gott nicht vornezieht, weil wir ihn nicht vorspannen, wie können wir da herausgelangen?' [S. 325] Man habe sich damals freiwillig mit dem Teufel ins Bett gelegt, sagt Geiger über die Zeit des Nationalsozialismus: ‚Und gegen Ende des Krieges musste man schauen, wie man aus diesem Bett des Teufels irgendwie wieder herauskommt. Das ist im Jahr 1944 eine ganz dringliche Frage für viele Menschen, die so langsam aufwachen – aus diesem teuflischen Rausch.' Aus der Sicht des Pfarrers sei es absolut schlüssig, dass er sagt, wir müssen Gott vorspannen – das bedeute auch den Glauben an etwas Höheres anzurufen. ‚Dieser Verrohung, die mit dem Krieg einhergeht, will der Pfarrer etwas entgegensetzen', sagt Geiger. In diesem Geist setzt der Autor das Konstruktive, das Verknüpfende, die Liebe, die Zuneigung dem Zerstörerischen entgegen. ‚Das ist ganz wichtig für mich, dass dieser katholische Geist im Roman ganz selbstverständlich auch anwesend ist.' […]

Geiger erzählt die „Geschichte einer Befreiung"

Der Roman *Unter der Drachenwand* hat uns viel zu sagen, über Schuld und Versagen – über die Sinnlosigkeit des Krieges, auch über die Schönheit des Lebens und über die Herausforderungen, unseren Weg ins Leben zu finden. So erzählt Arno Geiger die Geschichte einer Befreiung. Obwohl der Wehrmachtssoldat Veit Kolbe im Krieg lebensbedrohlich versehrt wurde und auch schuldig geworden ist, eine Schuld, die bleibt, so findet er doch ins Leben zurück. Er befreit sich und verliebt sich. ‚Auch heute schwimmen 90 Prozent der Menschen mit dem Strom der Geschichte', ist Arno Geiger überzeugt, ‚und wie wichtig es ist, Gestaltungsspielräume zu nutzen, wie wichtig es ist, Dinge nicht aufzuschieben, das müssen wir uns immer vor Augen halten. Veit Kolbe und Margot, seine Zimmernachbarin in Mondsee, sind sich dessen aufgrund des finsteren Hintergrundes von 1944 viel stärker bewusst.'"[46]

Zita Bereuter: *„Der Liebesroman ist der wahre Antikriegsroman"*

„Arno Geigers Helden sind Durchschnittsmenschen. Das Extreme findet er nicht interessant. ‚Im Schatten der Egomanie wächst kein Gras. In der Mitte mischt sich alles. Die Mitte finde ich viel unübersichtlicher als das Extrem.'

Gerade bei Büchern über das Dritte Reich liege es nahe, dass man Extreme heranzieht und in Täter und Opfer einteilt. Arno Geiger schaut auf die vielen Übergebliebenen in der Mitte. Die Zuschauer, die sich unbeteiligt fühlen und eben doch mittendrin sind. Es sei viel schwieriger und spannender, sich zwischen die Stühle zu setzen. ‚Zwischen den Stühlen ist der legitime Platz für die Kunst.'

‚Ich glaube, der wahre Antikriegsroman ist der Liebesroman. Dort wo eben nicht der Krieg im Vordergrund steht.'

„Ich breche eine Lanze für die Privatheit der Menschen"

Dem Privaten dieser Durchschnittsmenschen widmet sich *Unter der Drachenwand*. Geiger sagt dazu: ‚Totalitäre Regime, Krieg, das ist immer die Zerstörung des Privaten. Alle totalitären Systeme wollen das Private als etwas Unbeherrschbares unterbinden. Ich breche eine Lanze für die Privatheit der Menschen – und bin auch der Meinung, dass die allermeisten angeblichen Antikriegsromane letztlich Romane über den Krieg sind, weil sie vom Krieg erzählen. Ich wollte einen Roman schreiben, der zwar vor dem Hintergrund des Krieges spielt, aber letztlich die Wichtigkeit von sozialen Beziehungen aufzeigt.'"[47]

---

46 Schröer, Johannes: *Wie man aus dem Bett des Teufels herauskommt. Gespräch mit Arno Geiger.*

47 Bereuter, Zita: *„Der Liebesroman ist der wahre Antikriegsroman". Interview mit Arno Geiger.*

Auszüge aus Rezensionen zum Roman *Unter der Drachenwand*

Die folgenden Texte bilden jeweils durch kurze, prägnante Auszüge den Hauptaspekt der Rezension ab. Der Tenor in den Rezensionen ist durchweg positiv.

Andreas Platthaus: *Keine Hoffnung ohne Horror*

„Sezierender Blick auf den Mikrokosmos aus Verblendeten und Verzweifelnden"

„Für Veit Kolbe, der ebenfalls keine Illusionen mehr über Methoden und Erfolgsaussichten der deutschen Kriegsführung hat, ist es leichter: Er schweigt, um nicht aufzufallen, schaut aber umso genauer hin. Da es meist seine Perspektive ist, aus der Geiger erzählt, wird darüber eine literarische Reminiszenz akut, die man bislang mit diesem Autor kaum verbunden hätte: Arno Schmidt. Die Erzählhaltung von dessen 1949 erschienenem Debüt, der in der Endphase des Kriegs spielenden Flüchtlingsgeschichte *Leviathan*, erscheint wie eine Blaupause für Geigers Hauptfigur in deren Verschlossenheit und zugleich sezierendem Blick auf den sie umgebenden Mikrokosmos aus Verblendeten und Verzweifelnden. Auch die Flucht aus dem Kriegsalltag, der durch überfliegende Bomberflotten in Mondsee ebenso präsent ist wie auf Schmidts immer wieder stockender Zugfahrt, in die Liebe verbindet beide Bücher. Und wenn es Geiger als 1968 geborenem Autor derart grandios gelingt, das beklemmende Nebeneinander von Untergang der Gesellschaft und Beharrungswillen des Individuums zu beschreiben, dass man sich an den Kriegszeitzeugen Arno Schmidt erinnert fühlt, dann zeigt das einmal mehr, über was für ein literarisches Vermögen dieser Schriftsteller verfügt."[48]

---

48 Platthaus, Andreas: *Keine Hoffnung ohne Horror*.

Iris Radisch: *Stimmen des Krieges*

„Makellos entschlackte Sprache"

„Namentlich der Tagebuchautor Kolbe formuliert so gekonnt neusachlich und unprätentiös, als habe er in Wien ein Schreibseminar an der Schule für Dichtung besucht. In makellos entschlackter und nur hauchdünn mit einer Prise zeittypischer Umstandskrämerei überzuckerter Prosa berichtet er von seiner Verwundung an der Front: ‚Im Himmel, ganz oben, konnte ich einige ziehende Wolken erkennen, und da begriff ich, ich hatte überlebt.' Und schreibt dann einen langen, mitreißenden Roman lang einfach so entspannt weiter – völlig frei von dem Schutt aus Witzelei und Schwulst, der in der naturtrüben Schriftform der Kempowskischen Originalzeugnisse aus dem Jahr 1945 den Blick auf die wahren Empfindungen verstellte. In der einfühlsamen Zeitzeugen-Simulation durch den 49-jährigen Schriftsteller, der man sich widerstandslos überlässt, verschwindet der historische Sicherheitsabstand, der uns von der ersten Hälfte des 20. Jahrhunderts inzwischen trennt, und unbeantwortbare Fragen aus der eigenen Familiengeschichte kommen beim Lesen zurück: Wie haben unsere Eltern und Großeltern das alles aushalten können, ohne seelisch zu zerbrechen?"[49]

„Einfühlsame Zeitzeugen-Simulation"

Klaus Zeyringer: *Arno Geiger: Die Notwendigkeit, sich zu erinnern*

„Stimmiges, anziehendes Arrangement"

„Nicht nur dank seines stimmigen, anziehenden Arrangements gelingt Geiger ein dichtes Romangeflecht, sondern auch mittels feiner Ketten von Motiven wie der dünnen Wände, durch die Geräusche und Klopfzeichen dringen. Und am Ende lässt er einige Protagonisten der verschiedenen Erzählstränge kurz aufeinandertreffen. Entsprechend notiert der genesende Soldat Veit Kolbe, ‚dass ein kleiner Kreis Anstalten macht, sich zu schließen'. Alle Hauptfigu-

49 Radisch, Iris: *Stimmen des Krieges*.

ren verbindet das latente Gefühl der Aussichtslosigkeit und dennoch der Hoffnungsschimmer der Liebe."[50]

Dietmar Jacobsen: *Ein leerer Raum, in dem das Leben verschwindet*

„Menschliche Dimension des Lebens im Krieg wird begreifbar"

„*Unter der Drachenwand* ist ein eher unspektakuläres Buch. Und genau das ist seine Stärke. In nüchtern-sachlichem Berichtston – nur Veit greift gelegentlich zu einer mehr bildhaften Sprache – lässt es vier Zeugen zu Wort kommen, die dem Leser die menschliche Dimension des Lebens im Krieg begreifbar machen. Abseits der Schlachtfelder und nur überdröhnt vom Lärm der Flugzeuge, die den Tod woandershin bringen, ist der Krieg für Geigers Helden und all jene, die ihm in Mondsee begegnen, dennoch immer präsent – in den Köpfen, in den Träumen, in den Ängsten, gegen die sich Veit Medikamente verschreiben lässt, ehe ihn eine Liebe rettet und auf neue Wege führt. Auffälligstes stilistisches Mittel des Textes sind übrigens die vielen Schrägstriche, mit denen der Autor das Gesagte rhythmisiert und Nachdenkpausen schafft. Für Geiger selbst sind sie, wie er in einem Interview bekannt hat, „mehr als [ein] Punkt und weniger als ein Absatz."[51]

---

50 Zeyringer, Klaus: *Arno Geiger: Die Notwendigkeit, sich zu erinnern*.
51 Jacobsen, Dietmar: *Ein leerer Raum, in dem das Leben verschwindet*.

6. PRÜFUNGSAUFGABEN MIT MUSTERLÖSUNGEN

Unter www.königserläuterungen.de/download finden Sie im Internet zwei weitere Aufgaben mit Musterlösungen.

Die Zahl der Sternchen bezeichnet das Anforderungsniveau der jeweiligen Aufgabe.

Der Roman bietet eine Fülle von Anknüpfungspunkten für kreative Schreibaufgaben. Beispiele dafür könnten etwa sein:

- → *Erzählen Sie die Geschichte der Annemarie Schaller weiter nach ihrem Weggang aus dem Lager Schwarzindien und bis zu ihrem Tod in der Drachenwand.*
- → *Stellen Sie sich vor, Veit Kolbe müsste sich wegen des Mordes an seinem Onkel vor Gericht verantworten. Formulieren Sie das Plädoyer der Verteidigung bzw. der Anklage.*
- → *Erstellen Sie aus Fotos und Texten eine Collage, mit der Sie versuchen, den Alltag in einer von den Auswirkungen des Zweiten Weltkrieges betroffenen Stadt anschaulich darzustellen.*

Wegen der Problematik der Erstellung allgemeinverbindlicher Lösungsvorschläge für solche kreativen Aufgabenstellungen werden im Folgenden keine produktiven Aufgabenformen, sondern ausschließlich interpretierende und analysierende Aufgabenformen vorgeschlagen. Mögliche inhaltliche Bewertungsmaßstäbe für kreative Aufgaben lassen sich aber auch aus den folgenden Themenstellungen ableiten.

Auch wenn eine Aufgabe wie beispielsweise „Charakterisieren Sie Veit Kolbe" eine beliebte Klausuraufgabe darstellt, wird sie dennoch nachfolgend nicht explizit behandelt, da sie leicht mit der Hilfe der vorangegangenen Ausführungen erarbeitet werden kann. Dies gilt auch für andere in der Schule gängige Aufgaben, wenn eine Erarbeitung auf der Grundlage der bisherigen Ausführungen problemlos möglich ist. Die folgenden Aufgaben wollen bedeutsame Aspekte nochmals in besonderer Weise beleuchten.

Aufgabe 1 ***

Thema „Adoleszenz": „Erwachsen sein heißt ja vor allem, dass man gelernt hat, sich zu beherrschen." (S. 389)
a) Ordnen Sie die Textstelle in den Kontext ein.
b) Erläutern Sie die Aussage vor dem Hintergrund von Kurt Ritlers Lebensgeschichte.
c) Nehmen Sie begründet Stellung zu der Aussage.

Mögliche Lösung in knapper Fassung:

EINORDNUNG IN DEN KONTEXT

a) Der Roman gibt in drei verschiedenen Kapiteln die Briefe Kurt Ritlers wieder. Das Kapitel *Susi hat mich bei der Straßenbahn* (S. 97–110) besteht im Wesentlichen aus Liebesbriefen an seine Cousine und Freundin Annemarie (Nanni), es endet mit dem Bewusstsein, dass die Liebesbeziehung von den Erwachsenen entdeckt worden ist. Das Kapitel *Ich bin noch immer ganz verwirrt* (S. 230–244) besteht aus Briefen an Annemarie, in denen Kurt seine Sorge über ihr plötzliches Verschwinden ausdrückt; auch drei Monate nach ihrem Verschwinden glaubt er fest daran, dass sie noch am Leben ist. Kurt selbst absolviert eine Ausbildung zum Flakhelfer und bereitet sich darauf vor, direkt nach dem Abitur in den Krieg zu ziehen. Im Kapitel *Die Sache ging sehr rasch* (S. 384–398) schreibt Kurt an seinen Freund Ferdl und berichtet vom Leben in der Kaserne in Hainburg, wo er eine kurze militärische Grundausbildung im

Rahmen seiner Einberufung in den „Volkssturm" erhält. Als er vom Tod seiner Freundin erfährt, drückt er seine Fassungslosigkeit und seine Trauer aus, es ist ihm „alles so egal wie noch nie" (S. 392). Dennoch gelingt es ihm, die Nerven zu behalten: „Erwachsen sein heißt ja vor allem, dass man gelernt hat, sich zu beherrschen" (S. 389).

In den Nachbemerkungen erfährt man, dass Kurt im April 1945 westlich von Hamburg verletzt wurde und Anfang Mai in einer Krankensammelstelle in Dänemark starb.

ARGUMENTATION

b) Die Aussage deutet darauf hin, dass Kurt nur äußerlich ruhig ist. Der Grund dafür ist, dass er sich in einer Umgebung befindet (Kaserne in Hainburg), in der er diese Gefühle für sich behalten muss: „Aber meine Gefühle interessieren hier niemanden, und so zwinge ich mich, alles hinunterzuschlucken" (S. 388). Frühmorgens kurz nach dem Aufwachen gelingt ihm diese Beherrschung nicht und die Trauer überfällt ihn: „Mir wird sehr bang, und ich kann gar nicht gerade denken, ich bin so aufgeregt und zittere und steh völlig neben mir" (S. 389). Das bedeutet, dass es Kurt nicht zulässt, dass die intensiv empfundene Trauer um seine Freundin seine Gefühle bestimmt.

Die Liebesbriefe, die Kurt an Nanni schreibt, stellen ihn als einen emotionalen jungen Mann dar: Er verliebt sich als 16-Jähriger in die 13 Jahre alte Cousine, die Zuneigung wird erwidert, seine Briefe sind voller liebesbrieftypischer Aussagen, auch eine leichte Eifersucht ist bemerkbar.

Die Konfrontation mit dem herannahenden Krieg und mit der Aussicht, auch selbst bald in Kampfhandlungen verwickelt und mit dem Tod in Berührung zu kommen, beendet sein relativ unbekümmertes Verliebtsein. Die Nachricht vom Tod der Freundin lässt ihn innerlich erstarren: „Ich atme weiter, bewege mich weiter, erledige, was zu erledigen ist, und dennoch fühlt es sich an, als sei alles stehengeblieben" (S. 388). Da er keine Möglichkeit hat, seine Trauer zu artikulieren oder sich mit ihr auseinanderzusetzen (außer in dem Brief an seinen Freund Ferdl), ist Kurt der Ansicht, dass es am wichtigsten sei, sich zu beherrschen, da gerade die Selbstbeherrschung ein Ausdruck des Erwachsenseins darstelle. Für Kurt, der als 17-Jähriger in einen sinnlosen Kampf geschickt wird, dessen Ausgang er zu ahnen beginnt (vgl. S. 398: „Wer auf die Jagd nach einem Tiger geht, muss damit rechnen, auf einen Tiger zu treffen."), ist der von außen an ihn herangetragene Anspruch, erwachsen sein zu müssen, das Hilfsmittel, mit dem er sich nicht von der Trauer überwältigen lässt.

STELLUNGNAHME

c) Selbstbeherrschung im Sinne einer rationalen Kontrolle der eigenen Affekte ist unbestritten eine lobenswerte Eigenschaft, nicht nur des Erwachsenen, von dem es aber in der Tat erwartet werden kann. Selbstbeherrschung kann dann aber schädlich sein, wenn es darum geht, natürliche emotionale Reaktionen angemessen zu bewältigen. Führt Selbstbeherrschung dazu, dass ein notwendige Konfliktverarbeitung unterbleibt, kann dies auch schwerwiegende langfristige psychische Konsequenzen haben.

Aufgabe 2 *

Der Rachewunsch Oskar Meyers: „Ich hoffe, [...] dass der Herr unseren Peinigern alle Zähne zerbricht." (S. 418)
a) Ordnen Sie die Textstelle in den Kontext ein.
b) Begründen Sie Oskar Meyers Wunsch nach Rache.
c) Halten Sie den Wunsch für gerechtfertigt?

Mögliche Lösung in knapper Fassung:

EINORDNUNG IN DEN KONTEXT

a) Der Satz findet sich – an die Ränder des Blattes geschrieben – unter den letzten Sätzen Oskar Meyers, mit denen seine Aufzeichnungen abbrechen. Nachdem das Leben für Juden in Budapest immer gefährlicher geworden ist, meldet sich Oskar Meyer als Andor Bakos freiwillig zum Arbeitsdienst und wird auf einer beschwerlichen Reise mit zahlreichen Todesopfern in die Nähe von Hainburg gebracht. Am Ende seiner Kräfte, ausgelaugt von der Anstrengung, mangelhafter Ernährung und der Kälte, erscheint ihm seine Frau Wally und spornt ihn an, nicht aufzugeben. Die Aufzeichnungen enden mit seinem Abschied von der Familie, denen er Gottes Segen wünscht. Er selbst hofft, dass die Seelen seiner Eltern bei ihm sein werden und dass Gott diejenigen bestrafen solle, die sie so gequält haben.

ARGUMENTATION

b) Der Wunsch nach Rache ist durch die Geschichte begründbar, die Oskar Meyer – stellvertretend für Millionen anderer Juden – erlebt: Zusammen mit seiner Frau Wally und seinem Sohn Georg lebt er in Wien und muss seit der Annektierung Österreichs durch das Deutsche Reich erhebliche Repressalien erdulden. Er und seine Familie müssen seit dem 1. Januar 1939 zwangsweise einen hebräischen zweiten Namen tragen und ihre Wohnung räumen. Die Familie lebt fast ohne Unterstützung und in einem rechtlosen Zustand in einer überfüllten Unterkunft, die Pläne für eine Auswanderung lassen sich wegen einer fehlenden Bürgschaftserklärung („Affidavit") von Wallys Verwandten in Amerika nicht umsetzen, auch die Einreise nach Südafrika, wo offenbar die Adressatin lebt, ist bislang nicht geglückt. Als das Affidavit aus Amerika endlich eintrifft, sind die Quoten gesperrt. Meyer schreibt von immer stärkeren offiziellen Repressalien, die die Bewegungsfreiheit der Juden immer weiter einschränken. Nach dem Kriegseintritt Amerikas im Jahre 1941 muss jeder Jude sichtbar einen Stern auf seiner Kleidung tragen, zudem ist ein Ausreiseverbot für Juden ergangen. Die jüdischen Familien in ihrer näheren Umgebung werden nach und nach abgeholt, Wally Meyer äußert die Befürchtung, dass sie getötet werden. Daher entschließt Meyer sich, zusammen mit seiner Familie illegal nach Budapest zu fliehen; für diese Flucht sammeln sie das letzte verbliebene Geld zusammen, um den Fluchthelfer bezahlen zu können. Die Flucht gelingt, und die Familie befindet sich zumindest bis 1944 in Sicherheit. Als im März 1944 die Wehrmacht in Budapest einmarschiert, wird die Situation der Familie immer schwieriger, Meyer findet keine Arbeit mehr, die Familie hat kaum etwas zum Essen, die Mietzahlungen aufzubringen, wird eine immer größere Herausforderung. Am 16. Juli 1944 kommen Meyers Frau Wally und ihr Sohn Georg nicht aus der Sonntagsschule zurück, der Erzähler erklärt in den Nachbemerkungen, dass beide nach Auschwitz verbracht und ermordet worden seien (vgl. S. 479). Die Situation für Juden in Budapest ist äußerst gefährlich, Übergriffe auf Juden werden nicht geahndet, viel werden willkürlich getötet. Die Lebensumstände sind dürftig, Meyer muss sich überwiegend durch Betteln ernähren. Als er zusehen muss, wie ein junger Jude zu Tode geprügelt wird, ohne dass ein Passant eingreift, wird ihm die Rechtlosigkeit seiner eigenen Situation eindringlich bewusst und er bereut es, nach Budapest geflohen zu sein. Er meldet sich freiwillig zu einem Arbeitseinsatz, da er hofft, damit der gefährlichen Situation zu entkommen. In Viehwagons und zu Fuß auf dem Landweg werden die Arbeitswilligen nach Österreich gebracht, diejenigen, die nicht mehr laufen können, werden erschossen.

Diese Erfahrungen mit Entrechtung, Gewalt und Vernichtung sind es, die in Oskar Meyer den Wunsch nach Rache entstehen lassen.

STELLUNGNAHME

c) Der individuelle Wunsch nach Rache ist aufgrund der beschriebenen Erfahrungen plausibel und lässt sich vor der biblischen Aufforderung, Gott die Ahndung von Unrecht zu überlassen (vgl. Röm 12,19), auch als ein Wunsch anerkennen, der aus religiöser Überzeugung resultiert. Hinter diesem Wunsch mag man auch die bitteren Selbstvorwürfe erahnen, die sich Oskar Meyer macht, weil er im Jahre 1940 das Angebot, als Zahntechniker in Akkra zu arbeiten, ausschlug und mit seinem Vertrauen auf das humane Ethos einer zivilisierten Gesellschaft die Rettung der Familie nicht entschlossen genug betrieben hat.

Der Versuch einer juristischen Verfolgung der Verantwortlichen setzte unmittelbar nach dem Ende des Zweiten Weltkrieges ein (Nürnberger Kriegsverbrecherprozess 1945/46, Majdanek-Prozesse in Lublin 1944 und 1946–48). Die Verfolgung der Verbrechen, die im Rahmen des Holocaust geschehen sind, dauern bis in die jüngste Zeit an, auch wenn viele der Täter nicht mehr am Leben sind. Vor allem in den 1960er Jahren kam es zu spektakulären Prozessen gegen Verantwortliche: Im Jerusalemer Eichmann-Prozess wurde 1961 mit Adolf Eichmann einer der Hauptverantwortlichen für die Deportation und die Tötung von Millionen von Juden zum Tode verurteilt und hingerichtet. In Deutschland fand die juristische Aufarbeitung in den sogenannten „Auschwitzprozessen" ab 1963 und im dritten Majdanek-Prozess 1975–1981 statt.

Viele Juden, denen die Flucht gelungen war oder die den Holocaust überlebten, wollten mit Deutschland nichts mehr zu tun haben, sie wanderten in den 1948 gegründeten Staat Israel oder in ein anderes Land aus. Manche kehrten aber auch nach Deutschland zurück, probierten einen Neuanfang und versuchten, die schrecklichen Erfahrungen zu verarbeiten. Die Frage eines angemessenen Umgangs mit dem in deutschem Namen geschehenen Massenmord an den europäischen Juden ist nach wie vor Gegenstand des aktuellen öffentlichen Diskurses.

Aufgabe 3 ***

Der Mord am Ortsvorsteher

a) Fassen Sie zunächst die Textstelle S. 365 f. (von „Bestimmt schon zwei Minuten" bis „stirbt es sich hoffentlich leichter") zusammen und ordnen Sie sie in den Kontext ein.

b) Veit zeigt offenbar keine Reue: „Ich war mir aber sicher, dass bei dem Vorfall das Gute das Schlechte überwog. Und dieses Gefühl gewann allmählich an Stärke im leise fallenden Schnee, während ich nach Hause ging" (S. 423). Wie beurteilen Sie sein Verhalten?

c) Ist es ethisch gerechtfertigt, Menschenleben für „ein höheres Gut" aufs Spiel zu setzen?

Mögliche Lösung in knapper Fassung:

ZUSAMMENFASSUNG

a) Die vorliegende Textstelle, in der der Mord am Ortsvorsteher, seinem Onkel Johann, erzählt wird, ist zeitlich rund ein Jahr nach Veits Verwundung, mithin also Ende November 1944 einzuordnen. Veit sucht tagsüber den Onkel auf, da er eine Fahrerlaubnis nach Wien benötigt, um einer Vorladung zu einer medizinischen Untersuchung in der Breitenseer Kaserne Folge zu leisten. Während des Aufenthalts beim Onkel wird Veit klar, dass dieser vorhat, den Brasilianer zu verhaften. Veit besorgt sich eine Waffe und läuft zum Gasthaus nach Schwarzindien, aus dem die aufs Land geschickten Mädchen am Nachmittag ausgezogen waren. Vor dem Gasthaus steht das Motorrad des Onkels. Veit sieht, wie der Amtshelfer herauskommt und mit dem Motorrad wegfährt, er folgt dem Onkel ins Haus. In der Gaststube trifft er auf den Brasilianer; als der Onkel Veit bemerkt, fordert er ihn auf, wieder nach Hause zu gehen und sich nicht als Retter des Brasilianers aufspielen zu wollen. Der Satz: „Es ist schon genug Unheil angerichtet" (S. 365) führt Veit die ethisch-moralische Verwerflichkeit des Onkels vor Augen, der nie Mitleid gehabt habe. Veit erschießt ihn in der Gewissheit, dass es eine gute Handlung sei, auch wenn sie sich nicht so anfühle. Gemeinsam mit dem Brasilianer trägt Veit die Leiche des Onkels hinaus und versteckt sie.

Nachdem der Brasilianer gegangen ist, nimmt Veit innerlich Abschied sowohl von seinem Onkel als auch von dem Lager Schwarzindien und seinen Bewohnerinnen. Er geht in sein Zimmer zurück, in der Nacht deckt er sich zum ersten Mal wieder mit dem Militärmantel zu, die Pistole nimmt er mit in sein Bett. Er träumt von zwei Kriegskameraden, die zusammen mit ihm im LKW gefahren sind. Der Mord am Onkel beendet das friedliche Leben für Veit in Mondsee – es wird ihm klar, dass er Abschied nehmen und wieder in den Krieg ziehen muss.

BEURTEILUNG

b) Veit befindet sich in einer Dilemma-Situation. Unter einer Dilemma-Situation versteht man in der Philosophie solche Situationen, „in denen nach sorgfältiger Prüfung mindestens zwei moralische Forderungen bestehen, die nicht zugleich befolgt werden können."[52] Wenn er den Ortsvorsteher nicht davon zurückhält, den Brasilianer zu verhaften, wird der Brasilianer sicherlich zu einer langen Gefängnisstrafe und möglicherweise sogar zum Tode verurteilt. Da sich der Onkel nicht willens zeigt, sich überzeugen zu lassen, den Brasilianer nicht zu behelligen, ist nur eine gewaltsame Verhinderung der Verhaftung möglich. Beide Entscheidungswege sind unter moralisch-ethischen Maßstäben nicht angemessen. Dass Veit nach der Tat das Gefühl hat, richtig gehandelt zu haben („Ich war mir aber sicher, dass bei dem Vorfall das Gute das Schlechte überwog. Und dieses Gefühl gewann allmählich an Stärke im leise fallenden Schnee, während ich nach Hause ging", S. 423), belegt, dass er eine individuelle Entscheidung getroffen hat, die ihn auch überzeugt, die aber nicht als allgemeingültig betrachtet werden kann. Man kann auch vermuten, dass die doch recht gelassene Reaktion Veits nach dem Mord auch auf seine fünfjährige Kriegserfahrung zurückzuführen ist, in der Gewalt und Tod zum Alltag gehörten.

STELLUNGNAHME

c) Veit befindet sich in einer echten Dilemma-Situation, aus der die philosophische Ethik im Grunde nur zwei Wege hinausweist: erstens durch die Formulierung einheitlicher Bewertungsmaßstäbe und zweitens durch die Hierarchisierung moralischer Forderungen.

Als Beispiel für die Formulierung einheitlicher Maßstäbe gilt beispielsweise die philosophische Denkrichtung des Utilitarismus. Das utilitaristische Prinzip formuliert der Philosoph John Rawls (1921–2002) in seinem Werk *Eine Vertragstheorie der Gerechtigkeit* (1971) folgendermaßen: „Eine Gesellschaft ist dann richtig geordnet und folglich gerecht, wenn ihre Institutionen so gear-

52 Sellmaier, Stephan: *Ethik der Konflikte. Über den moralisch angemessenen Umgang mit ethischem Dissens und moralischen Dilemmata*, S. 12.

tet sind, dass die größte Summe von Befriedigungen zustande kommt."[53] Handlungen sind somit dann ethisch legitimiert, wenn eine möglichst große Zahl von Menschen davon profitiert. Die schiere Quantität von Menschen, die von Veits Handlung profitieren, kann nicht ausschlaggebend sein, da in dem Konflikt nur jeweils ein einziger Mensch die beiden unterschiedlichen Positionen vertritt; interpretiert man den Mord am Onkel als ein Handlung, die gegen ein inhumanes, diktatorisches Regime gerichtet ist, dann kann er am Ende sehr vielen Menschen zugutekommen.

Eine andere Lösungsmöglichkeit für moralische Dilemmata besteht in der Hierarchisierung moralischer Forderungen: Der Philosoph Immanuel Kant (1724–1804) beispielsweise geht davon aus, dass es stets nur *eine übergeordnete Verbindlichkeit* gebe. Kant bestreitet, dass es überhaupt eine Kollision von gleichrangigen Verbindlichkeiten geben kann, da Gleichrangigkeit ausgeschlossen ist, wenn stets klar bestimmbar ist, welche Regel notwendig ist. Konkret auf unseren Fall bezogen lässt sich als übergeordnete Regel definieren, dass die Wahrung der Menschenwürde als oberste Regel verbietet, Menschenleben überhaupt für „ein höheres Gut" aufs Spiel zu setzen.

Die Vorstellung, dass Menschenwürde ein unverletzliches Prinzip sei, findet ihren Ausdruck auch in der Forderung, dass Leben stets zu schützen sei, wie sie der berühmte Arzt und Theologe Albert Schweitzer (1875–1966) formuliert:

„Das denknotwendige Grundprinzip des Sittlichen bedeutet aber nicht nur Ordnung und Vertiefung der geltenden Anschauungen von Gut und Böse, sondern auch ihre Erweiterung. Wahrhaft ethisch ist der Mensch nur, wenn er der Nötigung gehorcht, allem Leben,

---

53 Rawls, John: *Eine Vertragstheorie der Gerechtigkeit*, S. 198.

dem er beistehen kann, zu helfen, und sich scheut, irgend etwas Lebendigem Schaden zu tun. Er fragt nicht, inwiefern dieses oder jenes Leben als wertvoll Anteilnahme verdient, und auch nicht, ob und inwieweit es noch empfindungsfähig ist. Das Leben als solches ist ihm heilig."[54]

In diesem Sinne wurde diese höchste ethische Norm auch in das Grundgesetz der Bundesrepublik Deutschland aufgenommen. In Art. 1, Abs. 1 heißt es: „Die Würde des Menschen ist unantastbar. Sie zu achten und zu schützen ist Verpflichtung aller staatlichen Gewalt."[55] Darauf aufbauend wird in Art. 2, Abs. 2 festgestellt, dass das Recht auf Leben ein Grundrecht ist: „Jeder hat das Recht auf Leben und körperliche Unversehrtheit."[56]

Würde Veit diesem Grundsatz folgen, verböte sich ein Mord am Ortsvorsteher naturgemäß. Er müsste den Versuch unternehmen, ihn mit legalen Mitteln an einer Verhaftung zu hindern. Die Bestrafung des Brasilianers auf der Grundlage der in der NS-Zeit geltenden Gesetze würde er damit mit großer Wahrscheinlichkeit nicht verhindern.

---

54 Schweitzer, Albert: *Kultur und Ethik*, S. 378 f.
55 *Grundgesetz für die Bundesrepublik Deutschland.*
56 Ebd.

Aufgabe 4 *

Gattung: „Der Liebesroman ist der wahre Antikriegsroman."[57]
Erörtern Sie, ob diese These in Bezug auf *Unter der Drachenwand* Bestand hat.

Mögliche Lösung in knapper Fassung:

ERÖRTERUNG

Unter der Drachenwand ist gattungstypologisch ein Roman, darauf weist bereits der Paratext hin, auch Umfang und natürlich der fiktionale Charakter ordnen ihn dieser Gattung zu, auch wenn die historische Einbettung und die Quellen enge Bezüge zur historischen Realität aufweisen und den dokumentarischen Anspruch betonen. Es gehört zum Charakter dieser in epischer Breite erzählenden Großform, dass er unterschiedliche Stoffe, Themen, Diskurse, Erzählverfahren und Schreibweisen aufnehmen kann: *Unter der Drachenwand* widmet sich stofflich dem Krieg, thematisch handelt es sich um einen Antikriegsroman; mit dem Blick auf die verwendeten Erzählverfahren lässt er sich als ein „Brief-/Tagebuchroman" kennzeichnen, von der Schreibweise her ist er sicherlich als realistischer Roman zu bezeichnen, damit ist auch der dokumentarische Charakter berücksichtigt.

Ein Antikriegsroman wie beispielsweise Erich Maria Remarques *Im Westen nichts Neues* arbeitet mit intensiven Schilderungen der Kriegsrealität, die sich vorzugsweise an der Front ereignet. Dazu gehören vor allem die Darstellung von allen Formen von Gewalt, von Leid und menschlicher Not, sowohl auf der Seite der Soldaten als auch auf der Seite unbeteiligter Zivilisten. Der Antikriegsroman will

---

57 Vgl. dazu Geigers Aussage im Interview mit Bereuter, 5. Materialien, S. 120.

beim Leser auf diese Weise Erschrecken und Abscheu hervorrufen und ihn von der Unmenschlichkeit des Krieges überzeugen.

Auch in *Unter der Drachenwand* finden sich Schilderungen von der Front, überwiegend werden sie in den Erinnerungen von Veit lebendig. Das jahrelange Miterleben von Leid, Tod und Zerstörung führt bei ihm zu posttraumatischen Belastungsstörungen, die sich in massiven Panikattacken äußern, die er mit Pervitin behandelt. Seine Belastungsstörung zeigt sich z. B. in dem Umstand, dass selbst in schönen Momenten ein einziges Phänomen ausreicht, um die Erinnerung zu aktivieren:

„Wir lauschten dem langen Abendgebet der Frösche, und ich dachte an das sogenannte Auskämmen der Wälder, qua-qua-qua. Und wenn man einen Partisanen oder eine Partisanin erschossen hatte, war es, als hätte man den Wind im Feld gefangen, von unserer Warte gesehen, die Wirkung blieb aus, es war alles total sinnlos, grauenhaft, unmenschlich." (S. 196)

Während Veits Kriegserfahrungen in seiner Erinnerung lebendig werden, durchlebt Margots Mutter den realen Schrecken von Bombenangriffen – sie berichtet, dass die Stadt fast völlig zerstört wurde, historisch betrachtet handelt es sich dabei um die sogenannte „Brandnacht" vom 11./12. September 1944, in der britische Bomber durch eine Kombination aus Spreng- und Brandbomben einen Feuersturm auslösten, der nicht nur fast die gesamte Stadt zerstörte, sondern auch mehr als 11.000 Einwohner tötete und mehr als 60.000 Einwohner obdachlos machte. Sie berichtet vom Leben in der ausgebombten Stadt, von den Problemen bei der Lebensmittelversorgung und von permanenten weiteren Angriffen.

Auch für Kurt Ritler ist der Krieg immer nähergekommen, nach seiner Flakhelfer-Ausbildung nach dem Abitur wird er sofort zum „Volkssturm" eingezogen und nach einer kurzen militärischen Grundausbildung in den Norden verlegt, wo er im April tödlich verwundet wird. Oskar Meyer schließlich erlebt zwar keinen Krieg im militärischen Sinne, sein Leben und das seiner Familie ist bereits im zivilen Leben durch den drohenden Holocaust ständig bedroht.

Alle Figuren des Romans, die als Ich-Erzähler auftreten, schildern somit die Schrecken des Krieges aus ihrer jeweiligen Perspektive. Und alle Figuren äußern sich mehr oder weniger kritisch zum Krieg und beklagen seine Sinnlosigkeit. Insofern kann man mit gutem Recht von einem Antikriegsroman sprechen.

Das Thema „Liebe" in ihren verschiedenen Ausprägungen (erotische Liebe, Elternliebe) spielt in *Unter der Drachenwand* ebenfalls eine Rolle, der Tagebuchschreiber Veit Kolbe bringt zum Ausdruck, dass seine Geschichte auch eine Liebesgeschichte sei: „Und ich weiß, es sind schon ereignisreichere Geschichten von der Liebe erzählt worden, und doch bestehe ich darauf, dass meine Geschichte eine der schönsten ist" (S. 205). Mit Margot und Lilo erlebt er in dem Jahr in Mondsee Augenblicke von Normalität: „Neben Margot hatte ich die Hoffnung, ein normaler Mensch zu werden, ein Mensch wie andere normale Menschen" (S. 281), was seine Ablehnung des Krieges nur weiter verstärkt. Die Fälschung einer Zurückstellung, die in der damaligen Situation lebensgefährlich sein kann, verschafft ihm noch Zeit in dem normalen Alltag; der Betrug selbst ist, genauso wie der spätere Mord an seinem Onkel, vor allem der aktuellen Situation geschuldet und nicht vorsätzlich geplant. Dass er noch vor dem offiziellen Kriegsende desertiert und nach Mondsee zurückkehrt, zeigt, dass er immer mehr bereit ist, auch persönliche Risiken für Taten, die er für ethisch korrekt hält, einzugehen. Mit seiner Rückkehr nach Mondsee erfüllt er ein Versprechen, das er Margot gibt: „Ich werde nicht aufhören, dich zu lieben, bis der angeblich größte aller Liebenden uns trennt. Und das werde ich ihm übelnehmen" (S. 355).

Alle Ich-Erzähler haben Liebesbeziehungen, die sie schützen und für die sie kämpfen wollen. Am Ende gelingt es nur Veit und Margot, ihre Beziehung über das Kriegsende hinaus zu retten. Die Liebesbeziehung schafft einen humanen Gegenpol zum inhumanen Kriegsgeschehen, für Veit bedeutet es, nach fünf Kriegsjahren wieder am normalen Leben teilhaben zu dürfen. Ob er ohne die Beziehung zu Margot in der Endphase des Krieges auch desertiert wäre, darf bezweifelt werden – die Liebe zu der Frau und der Wunsch, mit ihr ein normales Leben führen zu können, verstärken seine Ablehnung des Krieges und lassen ihn hohe Risiken auf sich nehmen (Fälschung der medizinischen Zurückstellung, Fahnenflucht). Dies belegt, dass Liebe für ihn einen weitaus höheren Wert als Krieg besitzt – die Liebesbeziehung ist der Gegenentwurf zum Krieg, insofern kann man *Unter der Drachenwand* durchaus als Liebes- und Antikriegsroman bezeichnen, die Art und Weise, wie Liebe und Krieg als Gegenpole konstruiert werden, wie Liebe als „bessere, weil humane Realität" gegen die Kriegsrealität gehalten wird, lässt den Liebesroman in der Tat als „wahren" Antikriegsroman erscheinen.

LITERATUR

Zitierte Ausgabe:

Geiger, Arno: *Unter der Drachenwand*. München: dtv, 2019.

Weitere Ausgabe:

Geiger, Arno: *Unter der Drachenwand*. München: Hanser, 2018.

Weitere Quellen:

Geiger, Arno: *Der alte König in seinem Exil*. München: Hanser, 2011.

Geiger, Arno: *Es geht uns gut*. München: Hanser, 2005.

Geiger, Arno: *Unwiderlegbar ist die Gestalt*. Dankrede zur Verleihung des Joseph-Breitbach-Preises. In: „Broschüre zur Verleihung des Joseph-Breitbach-Preises 2018". Hrsg. v. der Akademie der Wissenschaften und der Literatur Mainz. Büttelborn: Schaus, 2019, S. 14–22; auch abrufbar unter: https://air.unimi.it/retrieve/handle/2434/621511/1159628/Haas-Geiger%2C%20Joseph-Breitbach-Preis%202018%2C%20Akademie%20Mainz%202019.pdf (Stand März 2020).

Grundgesetz für die Bundesrepublik Deutschland in der im Bundesgesetzblatt Teil III, Gliederungsnummer 100–1, veröffentlichten bereinigten Fassung, das zuletzt durch Artikel 1 des Gesetzes vom 23. Dezember 2014 (BGBl. I S. 2438) geändert worden ist; abrufbar unter: http://www.gesetze-im-internet.de/gg/index.html (Stand März 2020).

Kempowski, Walter: *Das Echolot. Ein kollektives Tagebuch. Januar und Februar 1943*. 4 Bd. München: Knaus, ²1993.

Sekundärliteratur:

Beer, Mathias: *Flucht und Vertreibung der Deutschen. Vorrausetzungen, Verlauf, Folgen.* München: C.H. Beck, 2011.

Braun, Manuel: Artikel „*Roman*". In: Burdorf, Dieter; Fasbender, Christoph; Moennighoff, Burkhard (Hrsg.): Metzler Lexikon Literatur. Stuttgart, Weimar: Metzler, ^{3}2007, S. 658–660.

Daemmrich, Horst S.; Daemmrich, Ingrid G.: *Themen und Motive in der Literatur*. Ein Handbuch. Tübingen, Basel: Francke, ^{2}1995.

Haas, Franz: *Laudatio. Der stille Anverwandlungskünstler*. In: „Broschüre zur Verleihung des Joseph-Breitbach-Preises 2018". Hrsg. v. der Akademie der Wissenschaften und der Literatur Mainz und der Stiftung Joseph Breitbach. Büttelborn: Schaus, 2019, S. 5–12; auch abrufbar unter: https://air.unimi.it/retrieve/handle/2434/621511/1159628/Haas-Geiger%2C%20Joseph-Breitbach-Preis%202018%2C%20Akademie%20Mainz%202019.pdf (Stand März 2020).

Kolk, Rainer: Artikel „*Adoleszenzliteratur*". In: Burdorf, Dieter; Fasbender, Christoph; Moennighoff, Burkhard (Hrsg.): Metzler Lexikon Literatur. Stuttgart, Weimar: Metzler, ^{3}2007, S. 5 f.

Nelles, Jürgen: *Arno Geiger*. In: Kritisches Lexikon der deutschsprachigen Gegenwartsliteratur. München: Richard Boorberg, 2017.

Rawls, John: *Eine Vertragstheorie der Gerechtigkeit*. In: Hoerster, Norbert (Hrsg.): Recht und Moral. Texte zur Rechtsphilosophie. Stuttgart: Reclam, 1987, S. 197 f.

Schweitzer, Albert: *Kultur und Ethik*. In: ders.: Gesammelte Werke in 5 Bänden. Hrsg. v. Rudolf Grabs. Bd. 2. München: C. H. Beck, o. J., S. 377–379.

Sellmaier, Stephan: *Ethik der Konflikte. Über den moralisch angemessenen Umgang mit ethischem Dissens und moralischen Dilemmata.* Stuttgart: Kohlhammer, 2008, S. 12.

Zeyringer, Klaus: *Arno Geiger: Die Notwendigkeit, sich zu erinnern*. In: „Der Standard" vom 07. 01. 2018; abrufbar unter: https://www.derstandard.at/story/2000071475923/arno-geiger-die-notwendigkeit-sich-zu-erinnern (Stand März 2020).

Rezensionen zu *Unter der Drachenwand*:

Feßmann, Meike: *In der Schutzblase*. In: „Süddeutsche Zeitung" vom 09. 01. 2018; abrufbar unter: https://www.sueddeutsche.de/kultur/arno-geiger-drachenwand-buchkritik-1.3817997 (Stand März 2020).

Jacobsen, Dietmar: *Ein leerer Raum, in dem das Leben verschwindet*. In: „Literaturkritik.de" vom 14. 03. 2018; abrufbar unter: https://literaturkritik.de/geiger-unter-der-drachenwand-ein-leerer-raum-in-dem-das-leben-verschwindet,24320.html (Stand März 2020).

Jandl, Paul: *Die Firma Blut und Boden ist geschäftstüchtig*. In: „Neue Zürcher Zeitung" vom 06. 01. 2018.; abrufbar unter: https://www.nzz.ch/feuilleton/von-der-geschaeftstuechtigkeit-der-firma-blut-und-boden-ld.1344758?reduced=true (Stand März 2020).

Knipphals, Dirk: *Wie allein kann man sein? Arno Geigers „Unter der Drachenwand"*. In: „Die Tageszeitung" vom 16. 03. 2018; abrufbar unter: https://taz.de/Arno-Geigers-Unter-der-Drachenwand/!5490099 (Stand März 2020).

Platthaus, Andreas: *Keine Hoffnung ohne Horror*. In: „Frankfurter Allgemeine Zeitung" vom 12. 01. 2018; abrufbar unter: https://www.faz.net/aktuell/feuilleton/buecher/rezensionen/belletristik/arno-geigers-meisterlicher-roman-unter-der-drachenwand-15381048.html?printPagedArticle=true#pageIndex_2 (Stand März 2020).

Radisch, Iris: *Stimmen des Krieges*. In: „Die Zeit" vom 10. 01. 2018; abrufbar unter: https://www.zeit.de/2018/03/unter-der-drachenwand-arno-geiger (Stand März 2020).

Sternburg, Judith von: *So muss sich das damals angefühlt haben*. In: „Frankfurter Rundschau" vom 08. 01. 2018; abrufbar unter: https://www.fr.de/kultur/literatur/muss-sich-damals-angefuehlt-haben-11038671.html (Stand März 2020).

Interviews und Gespräche mit Arno Geiger:

Bereuter, Zita: *„Der Liebesroman ist der wahre Antikriegsroman". Interview mit Arno Geiger*. In: „radio fm4" vom 08. 01. 2018; abrufbar unter: https://fm4.orf.at/stories/2888188/ (Stand März 2020).

Gerk, Andrea: *„Jede Figur hat das Recht auf Atem und Pulsschlag". Gespräch mit Arno Geiger*. In: „Deutschlandfunk Kultur" vom 05. 01. 2018; abrufbar unter: https://www.deutschlandfunkkultur.de/arno-geiger-ueber-seinen-roman-unter-der-drachenwand-jede.1270.de.html?dram:article_id=407604 (Stand März 2020).

Hart, Maribel; Wolter, Alexander: *Der Schwamm ist leer, jedenfalls dort, wo man gedrückt hat. Werkstattgespräch mit Arno Geiger*. Oldenburg: Frühwerk, 2008.

Schröer, Johannes: *Wie man aus dem Bett des Teufels herauskommt. Gespräch mit Arno Geiger*. In: „domradio.de" vom 13. 03. 2018; abrufbar unter: https://www.domradio.de/radio/sendungen/autorengespraech/arno-geiger-ueber-seinen-roman-unter-der-drachenwand (Stand März 2020).

Nicht in der vorliegenden Erläuterung verwendete, aber empfehlenswerte Interviews:

Michel Ries im Gespräch mit Arno Geiger über seinen Roman *Unter der Drachenwand*. SWR 1 Leute, 32:30, 17. 09. 2020; abrufbar unter: https://www.swr.de/swr1/bw/swr1leute/av-o1153526-100.html (Stand März 2020).

Dennis Scheck im Gespräch mit Arno Geiger über seinen Roman *Unter der Drachenwand*. MDR Kultur, 28:07, 16. 03. 2018; abrufbar unter: https://www.youtube.com/watch?v=5G7wLdTENq0 (Stand März 2020).

Clemens Benke im Gespräch mit Arno Geiger über seinen Roman *Unter der Drachenwand*. Klassikradio, 10:57, 25. 01. 2018; abrufbar unter: https://www.klassikradio.de/programm/aktuelles/arno-geiger-im-interview (Stand März 2020).

Julia Benkert im Gespräch mit Arno Geiger über seinen Roman *Selbstporträt mit Flusspferd*. BR LeseZeichen, 7:19, 27. 04. 2015; abrufbar unter: https://www.youtube.com/watch?v=hEAfnHfvRcA (Stand März 2020).

Oliver Preusche im Gespräch mit Arno Geiger über seinen Roman *Alles über Sally*. Hanser Verlag, 5:44, 08. 02. 2010; abrufbar unter: https://www.youtube.com/watch?v=DfgrB1a4OsM (Stand März 2020).

STICHWORTVERZEICHNIS